Gerhard Leibold · Ich bin, was ich denke

Gerhard Leibold

Ich bin, was ich denke

Vom *Das bringt doch nichts*
zum *Ich will es wissen!*
Besser und gesünder leben
durch positives Denken

Jopp
Oesch

1. Auflage 2005

Umschlagbild: © by zefa-blueplanet images
Druck- und Bindung: Ebner & Spiegel, Ulm
Printed in Germany

ISBN 3-0350-0036-0

Gern senden wir Ihnen unser Verlagsverzeichnis:
Oesch Verlag, Jungholzstraße 28, CH-8050 Zürich
E-Mail: info@oeschverlag.ch
Telefax 0041/44 305 70 66 (CH: 044 305 70 66)

Unser Buchprogramm finden Sie im Internet unter:
www.oeschverlag.ch
www.joppverlag.ch

Inhaltsverzeichnis

Vorwort

»Von Anfang an hatte ich doch überhaupt keine Chance« klagen Menschen oft, wenn sie Mißerfolge, Enttäuschungen und ähnliche negative Erfahrungen hinnehmen müssen. Im Einzelfall mag das zutreffen. Häufiger liegt es allerdings daran, daß eine Chance nicht erkannt und/ oder nicht genutzt wurde.

Jede Chance beinhaltet auch das Risiko des Scheiterns. Diese Einsicht kann lähmende negative Erwartungen und Vorstellungen wecken, die verhindern, daß eine Chance wahrgenommen wird. Sie kann aber auch zu der Einstellung führen »und wenn schon, Schwierigkeiten sind dazu da, bewältigt zu werden«.

In beiden Fällen ist man sich der Risiken wohl bewußt. Aber während der eine deshalb negativ an die ganze Sache herangeht, entwickelt der andere dazu eine selbstbewußt-positive Einstellung. Fast immer entscheidet das über Erfolg oder Mißlingen.

Manche Menschen sind mit einem sonnigen Gemüt gesegnet, sie denken stets positiv. Man nennt sie gern Glücks- oder Sonntagskinder. Andere hingegen sind stets pessimistisch und mißtrauisch, wittern überall nur Probleme und Gefahren. Daher wirken sie meist wie die geborenen Pechvögel.

Irgendwo zwischen diesen Extremen lassen sich die meisten Menschen einordnen. Die einen neigen eher zum positiven Denken, die anderen sind eher etwas negativ gestimmt. Während der eine die Möglichkeiten erkennt, stehen für den anderen die Risiken im Vordergrund.

Speziell an diese große Gruppe der »Sowohl-als-auch-Denker« richtet sich das vorliegende Buch. Menschen mit einem sonnigen Gemüt müssen das positive Denken nicht erst erlernen, sie beherrschen es als Naturtalent. Ausgeprägte Pessimisten müßten es zwar dringend erlernen, aber es gelingt ihnen meist nicht oder nur bedingt, weil sie im Käfig ihrer negativen Gedanken eingeschlossen sind.

Alle anderen zwischen diesen beiden Polen können und sollten erlernen,

das positive Denken zu fördern und negativen Gedanken weniger Bedeutung einzuräumen. Damit verbessern sich deutlich ihre Aussichten auf ein gesünderes, glücklicheres und erfolgreicheres Leben im Einklang mit sich selbst.
In diesem Sinne versteht sich dieses Buch als universale Lebenshilfe für den täglichen Gebrauch.

Ich denke, also bin ich

Der Übergang vom Mittelalter zur Neuzeit wurde maßgeblich mit von den Naturwissenschaften geprägt. In diesem Klima der Aufklärung und Befreiung aus den Zwängen und Ängsten des »dunklen« Mittelalters formulierte der französische Philosoph *René Descartes* (1596–1650) selbstbewußt seine These: »Ich denke, also bin ich!« Damit schuf er in jener Zeit des Umbruchs ein verläßliches Fundament, das allen Zweifeln und jeglicher Kritik standhielt. Selbst der strengste Skeptiker kann diese Aussage nicht widerlegen, denn das würde voraussetzen, daß er denkt, also auch existiert. Anders ausgedrückt: Jeder Zweifel an dieser These bestätigt sie letztlich.

René Descartes

Grundlagen des Denkens

Heute fällt die Erforschung des Denkens hauptsächlich in den Aufgabenbereich der Psychologie und Hirnforschung. Anders als die Geisteswissenschaft Philosophie streben sie nach verifizierbaren Erkenntnissen, die den Regeln der Naturwissenschaften genügen.

Psychologie und Hirnforschung

Allerdings läßt die Erforschung des Denkens noch viele Fragen offen, denn es ist problematisch, dem Denken gleichsam durch Denken auf die Spur zu kommen, das Gehirn durch das Gehirn untersuchen zu lassen.

Es ist problematisch, dem Denken durch Denken auf die Spur zu kommen

Was bedeutet Denken?

Denken gehört zu den herausragendsten Fähigkeiten des Menschen

Außer Frage steht heute, daß Denken zu den herausragendsten Fähigkeiten des Menschen gehört. Lange Zeit sah man darin sogar einen der grundsätzlichen Unterschiede zwischen Mensch und Tierwelt. Mittlerweile steht das so eindeutig nicht mehr fest. Auch Tiere sind in einer gewissen Weise in der Lage zu denken. Immerhin erreichen Hunde die geistige Leistungsfähigkeit eines 3- bis 4jährigen, Katzen zum Teil gar die eines 7jährigen Kindes.

Auch Tiere können denken

Denken muß zusammen mit dem Seelenleben betrachtet werden

Obwohl das Denken zu den geistigen Leistungen gehört, darf es nicht isoliert vom Seelenleben betrachtet werden. Die Art und Weise, wie ein Mensch denkt, wird stets mehr oder minder deutlich von psychischen Vorgängen mitbestimmt.

Häufig wird das aber überhaupt nicht bewußt. Deshalb können wir oftmals nicht nachvollziehen, daß und warum wir negativ oder positiv denken.

Das Seelenleben kann negative Gedanken in positive verändern

Andererseits bietet der Einfluß des Seelenlebens aber die Chance, negative Gedanken positiv zu verändern, wie in diesem Buch vermittelt werden soll. Auf die Zusammenhänge zwischen Denken und Psyche kommen wir später (s. S. 17) noch ausführlicher zurück.

Ziel der Denkarbeit

Das Ziel der Denkarbeit besteht letztlich darin, Aufgaben zu lösen, Probleme kreativ zu überwinden und sich zu orientieren. Das beginnt damit, daß man sich Begriffe und Sachverhalte zunächst veranschaulicht, um ihren konkreten Sinn zu erfassen. Den unanschaulichen abstrakten Begriffen muß das Denken zuerst diesen konkreten Sinn verleihen, ehe es damit weiterarbeiten kann.

Nach diesen Vorbereitungen versucht man dann, durch die Denkarbeit die Beziehungen und Zusammenhänge zu erkennen oder neu herzustellen, die zwischen einzelnen Begriffen und Sachverhalten bestehen. Sobald das gelungen ist, hat der Denkakt sein Ziel erreicht, eine Aufgabe kann danach zum Beispiel korrekt erledigt werden.

Grundsätzlich ist das Denken wertneutral, besitzt also nicht von vornherein positive oder negative Qualitäten.

Denken ist wertneutral

Diese vereinfachte Darstellung mag genügen, um einen Eindruck davon zu vermitteln, was die Denkarbeit bedeutet.

Denken – Funktion des Gehirns

Geistige Leistungen vollziehen sich keineswegs immateriell, gleichsam in einem freien Raum, wie früher angenommen wurde. Vielmehr benötigen sie (wie übrigens auch das Seelenleben) eine anatomische, bioelektrische und biochemische Grundlage, nämlich das Gehirn und seine Botenstoffe.

Geistige Leistungen benötigen eine Grundlage

Der komplexe Akt des Denkens im Gehirn kann heute noch nicht hinreichend dargestellt werden. Sicher steht fest, daß es kein einzelnes Denkzentrum im Gehirn gibt, in dem alle Denkvorgänge ablaufen. An jedem Denkakt arbeiten verschiedene Gehirnanteile zusammen. Allerdings spielt der entwicklungsgeschichtlich älteste Teil des Gehirns, der Hirnstamm, dabei keine Rolle.

Es gibt kein einzelnes Denkzentrum im Gehirn

Für das Denken zeichnet allein das Großhirn mit seinen beiden Hemisphären (Halbkugeln) verantwortlich, die sich die Denkarbeit teilen. Genau genommen ist nur die Großhirnrinde dafür zuständig, eine 2–3 mm starke Schicht aus den sprichwörtlichen »grauen Zellen«. Sie folgt den zahlreichen Windungen des Gehirns und vergrößert damit ihre Oberfläche erheblich.

Nur das Großhirn ist für das Denken verantwortlich

Die Zellen der Gehirnrinde sind durch zahlreiche Nervenbahnen miteinander, mit anderen Arealen des Gehirns sowie mit dem Rückenmark verbunden. Diese engmaschige Vernetzung gewährleistet, daß beim Denkakt alle notwendigen Hirnanteile kooperieren, unter anderem das Gedächtnis (s. S. 14 f.), in dem alle Erfahrungen und Kenntnisse abgespeichert wurden.

Die Zellen der Gehirnrinde sind mit anderen Arealen des Gehirns und dem Rückenmark verbunden

Bioelektrische und biochemische Prozesse

Auf dieser anatomischen Grundlage finden beim Denken bioelektrische und biochemische Prozesse statt, die schließlich zu einem Denkergebnis führen. Das bedeutet, daß alle Informationen, die beim Denken zwischen Gehirnrinde und anderen Teilen des Gehirns ausgetauscht werden, mit Hilfe der Bioelektrizität durch die Nervenverbindungen geleitet werden. Hinzu kommt ein weiteres System, das zum Informationstransport biochemische Botenstoffe verwendet.

Prosaisch ausgedrückt bedeutet Denken also nichts anderes als Informationsaustausch durch bioelektrische und biochemische Reize im Gehirn.

Es führte aber zu weit, diesen hochkomplizierten Vorgang hier noch genauer vorzustellen, zumal er noch lange nicht vollständig geklärt wurde.

Denken, Gedächtnis und Intelligenz

Das Gedächtnis hilft beim Denken

Denken, Gedächtnis und Intelligenz werden umgangssprachlich oft in einen Zusammenhang gebracht, der nicht ganz korrekt ist.
Gewiß hilft das Gedächtnis mit all seinen gespeicherten Erfahrungen und Kenntnissen beim Denken. Aber ein gutes Gedächtnis sagt noch nichts über die Denkleistung eines Menschen aus. Es gibt sogar Menschen mit einem phänomenalen Gedächtnis, deren übrige geistige Leistungsfähigkeit unter dem Durchschnitt liegt. Umgekehrt schließt ein schlechtes Gedächtnis hohe geistige Fähigkeiten nicht aus. Im allgemeinen wird ein gutes Gedächtnis aber die Denkarbeit erleichtern, weil die darin gespeicherten Informationen leicht abrufbar sind.
Das Gedächtnis setzt sich aus den Teilfunktionen

Merkfähigkeit, Behaltefähigkeit und Reproduktionsfähigkeit zusammen, die unterschiedlich gut ausgeprägt sein können. So ist es zum Beispiel möglich, daß ein Mensch über eine sehr gute Merk- und Behaltefähigkeit verfügt, davon aber kaum profitiert, weil er die Gedächtnisinhalte nicht nach Bedarf reproduzieren kann.

Zusammensetzung des Gedächtnisses

Auch das Gedächtnis steht in Beziehung zum Seelenleben. Indirekt kann es sogar die Persönlichkeit mitprägen. Unter anderem sorgen die psychischen Einflüsse dafür, daß unangenehme Erfahrungen und Erinnerungen so schnell wie möglich ins Unbewußte verdrängt und damit scheinbar vergessen werden. Aber auch das Gegenteil kann eintreten, manche negative Erfahrungen brennen sich unter Umständen derart ins Gedächtnis ein, daß man unwillkürlich immer wieder an sie denken muß.

Beziehung Gedächtnis - Seelenleben

Die Inhalte, die wir merken und behalten, stehen in enger Beziehung mit mehreren psychischen Funktionen, vor allem Gefühle, Motive und Interessen. Am besten wird meist gespeichert, was mit Gefühlen zusammenhängt und/oder mit bereits vorhandenen Gedächtnisinhalten verknüpft werden kann.

Was wird am besten gespeichert?

Das Gedächtnis kann entscheidend mitbestimmen, ob man eher zum positiven oder negativen Denken neigt. Das hängt immer auch davon ab, welche Erinnerungen und Erfahrungen darin abgespeichert wurden.

Das Gedächtnis bestimmt positives oder negatives Denken

Während das Gedächtnis dem Denken dient, nutzt die Intelligenz das Denken als eine ihrer Komponenten. Es gibt noch keine allgemein anerkannte und zufriedenstellende Definition für Intelligenz, die verschiedenen Theorien dazu lassen sich zum Teil kaum miteinander vereinbaren. Grob vereinfacht und verallgemeinert kann man Intelligenz vielleicht am ehesten als den Teil der Persönlichkeit auffassen, der dazu befähigt, sich in neuen Situationen zu orientieren, zu behaupten und zu bewähren. Eine andere, umstrittene Definition bezeichnet schlicht das als Intelligenz, was mit einem Intelligenztest gemessen und

Intelligenz nutzt das Denken

Allgemeine Definition der Intelligenz

mit dem Intelligenzquotienten (IQ) bewertet werden kann.

Ausprägung der Intelligenz

Die Ausprägung der Intelligenz wird überwiegend von genetischen, sozialen und kulturellen Einflüssen bestimmt. Der Anteil der Erbanlagen läßt sich noch nicht endgültig beurteilen, er mag bei 40–60 % der möglichen Intelligenzleistung liegen.

Weitere Faktoren der Intelligenz

Das Denken ist eine der Fähigkeiten, die mit Intelligenz in enger Beziehung stehen. Ferner gehören dazu noch Gedächtnis, Konzentration, Vorstellungen, Lernen, Sprechqualität sowie der Umgang mit Zahlen, um die wichtigsten weiteren Faktoren anzuführen.

Lebenslange Entwicklung der Intelligenz

Intelligenz kann sich ein Leben lang entwickeln, insbesondere durch Lernen und Gedächtnisfunktionen. Unter Umständen bildet sie sich aber auch zurück, wenn man zu wenig Gebrauch davon macht oder an Intelligenzdefekten erkrankt.

Intelligenz und Lebenserfolg

Auf den Lebenserfolg eines Menschen läßt die Intelligenz nur begrenzte Rückschlüsse zu. Es gibt zum Beispiel hochintelligente Menschen, die am Alltag scheitern, und weniger intelligente, die beachtliche

Intelligenz ist nicht alles

Erfolge erzielen. Ausreichende Intelligenz ist eben nicht alles, daneben spielen auch individuelle Eigenschaften wie Motivation, Begeisterungsfähigkeit, Durchsetzungsvermögen und Willensstärke eine maßgebliche Rolle.

Psychische Einflüsse auf das Denken

Die Art und Weise, wie ein Mensch denkt, wird immer von seiner Persönlichkeit und psychischen

Denken und Seelenleben

Faktoren mitbestimmt. Denken und Seelenleben stehen in einer komplexen, sehr engen Wechselbeziehung, die allerdings oft nicht bewußt wird.

Denken und Persönlichkeit

Die Persönlichkeit, die das gesamte Verhalten und Erleben eines Menschen prägt, nimmt auch großen Einfluß auf das individuelle Denken. Persönlichkeit darf nicht einfach mit Charakter gleichgesetzt werden, wie es vor allem im angloamerikanischen Sprachgebrauch zum Teil üblich ist. Zwar bestehen Übereinstimmungen, aber den Charakter besitzt man von Natur aus, zur Persönlichkeit muß man sich im Verlauf des Lebens erst entwickeln. Nicht jeder erreicht diese Stufe, oft verharrt die Entwicklung irgendwo auf der Ebene der Person, die unterhalb der Persönlichkeit steht.

Persönlichkeit beeinflußt das individuelle Denken

Persönlichkeit ist nicht gleich Charakter

Eine eindeutige, allgemein anerkannte Definition der Persönlichkeit gibt es noch nicht. Die verschiedenen Theorien dazu sind zum Teil widersprüchlich. Am besten versteht man Persönlichkeit wohl als die Summe aller seelischen Eigenschaften eines Menschen, die sich ziemlich stabil organisiert haben. Aus ihrem Zusammenwirken ergibt sich das für einen Menschen typische Verhalten und Erleben. Das schließt auch das Denken mit ein.

Definition der Persönlichkeit

Unter anderem kann es von der Entwicklung der Persönlichkeit abhängen, welche höheren Stufen des Denkens ein Mensch erreicht, ob er zum kreativen Neudenken in der Lage ist.

Seelenleben prägt Gedanken mit

Die Beziehungen zwischen Denken und Psyche lassen sich vereinfacht auf zwei geistig-seelische Grundfunktionen reduzieren.

Geistig-seelische Grundfunktionen

- Zum einen aktiviert das Denken die seelischen Prozesse, die notwendig sind, um Gedanken zu realisieren, insbesondere Interessen, Neigungen, Triebe und Gefühle.

Denken aktiviert seelische Prozesse

- Zum anderen nutzt das Seelenleben das Denken, um Bedürfnisse zu befriedigen, die zum Beispiel aus

Seelenleben nutzt das Denken

Interessen, Neigungen, Trieben und Gefühlen stammen. Das Denken wird dann eingesetzt, um Strategien zu entwickeln, nach denen solche Bedürfnisse befriedigt werden können.

Anfälligkeit für sachfremde Einflüsse

Diese enge Zusammenarbeit von Denken und psychischen Vorgängen ist zwar notwendig, macht die Denkarbeit aber anfälliger für sachfremde Einflüsse, die nicht der Logik und Vernunft unterliegen, zum Teil noch nicht einmal richtig bewußt sind. Das kann zu unzweckmäßigen bis irrationalen Ergebnissen des Denkens führen.

Denken kann psychische Funktionen mitbestimmen

Umgekehrt bestimmt das Denken viele psychische Funktionen mit, kann sie positiv oder negativ »polen«. So beeinflussen positive Gedanken unter anderem Verhalten, Stimmungen, Hoffnungen, Absichten und Erwartungen. Das erhöht die Chance, daß angestrebte Ziele erreicht und Bedürfnisse befriedigt werden.

Negative Gedanken neigen zur Selbstverwirklichung

Negative Gedanken hingegen, die gleichfalls Verhalten, Absichten, Hoffnungen und andere psychische Inhalte beeinflussen, neigen stark dazu, sich selbst zu verwirklichen, also zu Enttäuschungen und Mißerfolgen zu führen. Das gilt auch dann, wenn objektiv betrachtet die Erfolgsaussichten günstig standen.

Dank dieses Zusammenspiels von Denken und Psyche wirkt sich die Übung des positiven Denkens umfassend auf das gesamte Seelenleben aus. Es geht also weit über die bloße Befriedigung von Bedürfnissen und Realisierung von Zielen hinaus, kann dem ganzen Leben eine günstige Wende geben.

Entwicklungsstufen des Denkens

Wie das Seelenleben und die Persönlichkeit muß sich auch das Denken allmählich entwickeln. Der Übergang von einer Stufe zur nächsten erfolgt unmerklich, entsprechend der Reife eines Menschen.

Denken muß sich allmählich entwickeln

Einfaches Denken

Die niedrigste Stufe des Denkens bildet das *Nachdenken*. Niedrig bedeutet hier kein Werturteil, auch große Denker und Genies kommen nicht ohne das Nachdenken aus. Die höhere Entwicklung ihrer Denkfähigkeit führt aber dazu, daß sie nicht einfach nur nachdenken, sondern den vorgedachten Inhalt selbständig kritisch prüfen, um ihn dann zu akzeptieren oder abzulehnen.

Nachdenken

Grundsätzlich ist jeder geistig gesunde Mensch zum Nachdenken fähig. Das sagt jedoch nichts über Intelligenz, Selbständigkeit und Kritikfähigkeit aus. Diese Eigenschaften zeigen sich erst dann (oder auch nicht), wenn zu den Inhalten des Nachdenkens Stellung bezogen wird. Diese Inhalte werden von außen vorgegeben, gleichsam vorgedacht, zum Beispiel durch Gespräche, Bücher, Zeitungen, Fernsehen, Rundfunk und Internet.

Jeder geistig gesunde Mensch kann nachdenken

Wir alle nehmen solche vorgedachten Inhalte zunächst einmal auf. Der eigentliche Denkakt beginnt, sobald man versucht, den Sinn dieser Inhalte zu erfassen und sie zu verstehen. Wenn dieses Nachdenken erfolgreich abgeschlossen wurde, können die vorgegebenen Gedanken wie eigene Denkinhalte aufgenommen werden, sofern man mit ihnen übereinstimmt.

Eigentlicher Denkakt

Natürlich ist es auch möglich, daß bloßes Nachdenken in höheres Denken übergeht. Dann können die vorgedachten Gedanken abgelehnt oder verändert werden.

Nachdenken kann in höheres Denken übergehen

Viele Menschen werden in ihrem Denken fremdbestimmt

Aber nicht alle Menschen gelangen in ihrer Entwicklung über das einfache Nachdenken hinaus. Sie werden also in ihrem Denken letztlich fremdbestimmt. Damit ist die Gefahr verbunden, daß negatives Denken unkritisch übernommen wird.

Höhere Stufen des Denkens

Kritische Selbständigkeit

Beim passiven Nachdenken übernimmt man vorgedachte fremde Gedanken wie eigene. Das *höhere Denken* dagegen zeichnet sich durch seine kritische Selbständigkeit aus. Diese Eigenschaft kommt individuell unterschiedlich stark ausgeprägt vor.

Vorgedachte Inhalte werden unabhängig geprüft

Vereinfacht ausgedrückt bedeutet höheres Denken, daß die vorgedachten Inhalte unabhängig geprüft werden. Erst danach bezieht man Stellung dazu, nimmt sie an oder weist sie zurück. Dies stellt eine Grundbedingung für ein selbstbestimmtes Leben dar.

Voraussetzung

Lebenserfahrung

Höheres Denken setzt naturgemäß einen gewissen Entwicklungsstand der Persönlichkeit voraus. Es fordert Selbständigkeit, Kritikfähigkeit, nicht selten auch eine gewisse Portion Mut. Überdies spielt beim höheren Denken auch die individuelle Lebenserfahrung eine gewichtige Rolle. Nur wer sich angstfrei, selbständig und im Vertrauen auf eigene Fähigkeiten und Urteilsvermögen Gedanken macht, gelangt weit über bloßes Nachdenken hinaus.

Individuelle Lösungen und Strategien

Höheres Denken bedeutet Selbstverwirklichung

Am Ende dieses Denkprozesses stehen individuell durchdachte Lösungen und Strategien für die Aufgaben, Probleme und Konflikte des Alltags, zur Realisierung von Wünschen, Zielen und Bedürfnissen. Deshalb bedeutet höheres Denken auch immer ein Stück Selbstverwirklichung. Der Entwicklungsstand des Denkens entscheidet also mit über Erfolg und Lebensglück.

Negative Gedanken werden nicht kritiklos übernommen

Anders als beim bloßen Nachdenken besteht beim höheren Denken nicht die Gefahr, daß negative Gedanken kritiklos übernommen werden.

Das bedeutet jedoch nicht, daß höheres Denken grundsätzlich vor negativen Erwartungen und Vorstellungen bewahrt. Je nach individueller Stimmung, Einstellung und Erfahrung können auch auf der höheren Stufe des Denkens die negativen Gedanken die Oberhand gewinnen. Dann sind sie aber nicht vorgedacht, sondern entwickelten sich im Verlauf der selbständigen individuellen Denkarbeit. Zutreffen müssen sie deshalb aber nicht, auch dann hilft die Strategie des positiven Denkens.

Kreatives Neudenken

Schöpferisch-produktives Denken

Das *schöpferisch-produktive Denken* gilt als höchste Entwicklungsstufe. Es ist untrennbar verbunden mit bestimmten Eigenschaften der Persönlichkeit, insbesondere Selbstvertrauen, Ausdauer, Durchsetzungsvermögen und Bereitschaft, für die eigenen Gedanken auch Nachteile in Kauf zu nehmen.

Viele produktive Gedanken gehen unter

Da diese Vorbedingungen nicht bei jedem Menschen gegeben sind, gehen viele produktive Gedanken unter, ehe sie überhaupt erprobt werden konnten. Zu einem späteren Zeitpunkt, wenn die Zeit reifer dafür ist, werden sie von anderer Seite vielleicht wieder aufgegriffen.

Wesentliches Merkmal

Häufige Kollision mit üblichen Einstellungen

Konflikt mit der Mitwelt

Wesentliches Merkmal des kreativen Neudenkens ist, daß es aus eingefahrenen Denkgewohnheiten ausbricht, neue Wege und Lösungen sucht. Dabei kollidiert es häufig mit den üblichen Ansichten, Einstellungen und Überzeugungen. Oftmals wird zum Beispiel dagegen eingewendet: »Das haben wir schon immer so gemacht« oder »Das ist nun einmal so«. Wer sich diesem konservativen Denken nicht fügt, gerät unweigerlich in Konflikt mit der Mitwelt, muß nicht selten erhebliche persönliche Nachteile hinnehmen. Nur eine gereifte, in sich gefestigte Persönlichkeit kann sich auf Dauer gegen diese Widerstände behaupten.

Ein weiteres Kennzeichen des produktiven Neudenkens besteht darin, daß es sich nicht allein mit schon bekannten Aufgaben, Problemen und Zielen befaßt. Vielmehr formuliert es selbst neue Ziele und erkennt vorher von allen anderen übersehene Probleme und ähnliche Hindernisse.

Selbstformulierung neuer Ziele

> Damit bildet das kreative Denken eine unentbehrliche Voraussetzung für neue Erkenntnisse, wissenschaftliche und technologische Fortschritte, für die weitere Entwicklung einer Gesellschaft schlechthin.

Das schöpferische Neudenken ist der Zeit oft weit voraus

Zwangsläufig ist das schöpferische Neudenken der Zeit oft weit voraus. Häufig werden die Ergebnisse der kreativen Denkarbeit deshalb nicht verstanden, als phantastisch und unrealistisch angefeindet. Auch aus diesem Grund erfordert es persönliche Reife und einigen Mut, um neue Gedanken gegen alle Widerstände der Zeit durchzusetzen.

Positives Denken hängt vom kreativen Denken ab

Auch positives Denken hängt oft entscheidend vom kreativen Denken ab. Wenn das konservative Denken nur noch Probleme und Konflikte erkennt, kann das produktive Neudenken zum Beispiel neue Aspekte aufzeigen und unkonventionelle Lösungen entwickeln. Dann betrachtet man alles, was zuvor aussichtslos erschien, in einem neuen, optimistischeren Licht. Natürlich sind alle die Menschen, die kreatives Neudenken nicht so gut beherrschen, nicht vom positiven Denken ausgeschlossen. Aber sie werden dafür oft mehr Mühe aufwenden müssen und nicht immer zu optimalen Ergebnissen gelangen, die das schöpferische Denken begünstigt.

Schöpferisches Denken begünstigt optimale Ergebnisse

Formen des Denkens

Qualitative Unterschiede

Die verschiedenen möglichen Formen des Denkens unterscheiden sich vor allem qualitativ voneinander. Im Grunde kann man sie nicht getrennt von den Entwicklungsstufen betrachten, das erfolgt hier lediglich aus methodischen Gründen zum besseren Verständnis.

Magisches Denken nicht nur bei Kindern

Auch Naturvölker kennen magisches Denken

Diese oft phantasiereiche Form des Denkens kommt überwiegend bei Kindern vor. Aber auch die zivilisatorisch noch nicht stärker veränderten Naturvölker kennen das magische Denken. Letztlich sind wir alle auch als Erwachsene nicht ganz frei davon.

Wichtigstes Merkmal

Das wichtigste Merkmal des magischen Denkens besteht darin, daß die Welt und alle ihre unerklärlichen Phänomene auf geheimnisvolle Ursachen zurückgeführt werden. Um diese okkulten Kräfte zu besänftigen und zu nutzen, bedient sich das magische Denken bestimmter Praktiken. Kinder entwickeln diese oft selbst oder übernehmen sie von anderen, die Naturvölker wenden die verschiedensten Zauber- und Religionsriten an.

Okkulte Kräfte

Zauber- und Religionsriten

Fragealter

Etwa ab dem 3. Lebensjahr wendet sich das Kind allmählich vom magischen Denken ab. Im folgenden *Fragealter,* das im 5. Lebensjahr meist seinen Höhepunkt erreicht, versucht es nun, ein realistisches eigenes Weltbild zu entwickeln, das magisches Denken schließlich überflüssig macht. Wie gut und rasch das gelingt, hängt vor allem von der Qualität der Antworten ab, die das Kind auf seine Fragen von der Mitwelt erhält. Je genauer und kindgerechter sie ausfallen, desto schneller kann die Vorstellung von geheimnisvollen Kräften und Praktiken überwunden werden.

Mit dem Fragealter, das jenseits des 5. Lebensjahrs langsam endet, sind die Rätsel der Welt noch längst nicht alle gelöst. Aber das Kind findet sich zunehmend damit ab und wundert sich seltener. Leider gehen damit auch wichtige Elemente des kreativen Neudenkens (s. S. 21) unter, denn zu dessen Wurzeln gehören ja gerade Neugierde, Staunen und Fragen.

Verlust der Neugierde

Mit der Weiterentwicklung des Denkens können diese Komponenten später aber wieder aktiviert werden.

Abgemilderte Form des magischen Denkens

In abgemilderter Form bleibt das magische Denken auch nach dem 7. Lebensjahr noch lange erhalten, um für unerklärliche Phänomene Erklärungen zu finden. Relikte davon findet man selbst bei Erwachsenen, man denke an die vermeintlich glücksbringenden

Amulette und Horoskop

Amulette, das Horoskop, die Angst vor der Zahl 13 oder das Klopfen auf Holz, das angeblich Unglück verhüten soll. Auch sehr realistische und nüchterne Menschen sind in einem Winkel ihres Seelenlebens davon nicht ganz frei. Schließlich werden die Rätsel der Welt auch für sie nicht alle geklärt.

Anschauliches und logisches Denken

Anschauliches Denken

Wie die Bezeichnung *anschaulich* bereits andeutet, befaßt sich diese Form des Denkens mit konkreten, faßbaren Phänomenen, die man eben auch »anschauen« kann. Meist steht es in enger Beziehung mit praktischer Intelligenz.

Gelingt den meisten Menschen

Dieses relativ einfache Denken gelingt den meisten Menschen. Einfach stellt hier kein Werturteil dar, sondern beschreibt lediglich die Art und Weise dieses Denkprozesses. Man kann mit anschaulichem Denken durchaus noch das Leben meistern, Erfolge erringen und sich selbst verwirklichen.

Heutzutage fällt es allerdings zunehmend schwerer, die Phänomene der hochkomplizierten Industriegesellschaft allein dadurch zu erfassen und zu verstehen. Das spüren viele Menschen und fühlen sich deshalb in dieser Gesellschaft, die sie nicht mehr ausreichend verstehen können, unbehaglich und unsicher. Häufig entwickelt sich daraus auch negatives Denken.

Viele Menschen fühlen sich unbehaglich und unsicher

Natürlich denkt jeder Mensch auch anschaulich-konkret, anders wäre der Alltag überhaupt nicht zu bewältigen. Selbst das Genie muß sich zwischendurch in die »Niederungen« dieses einfachen Denkens begeben. Bei dem oben genannten Menschentyp dominiert aber dieses anschauliche Denken, zum Teil noch vermengt mit Resten des magischen Denkens. Die anderen Denkformen dagegen werden kaum gepflegt und gefördert.

Unsicherheit fördert negatives Denken

Als nächsthöhere Form gilt das *logische Denken*. Umgangssprachlich wird es oft mit Vernunft gleichgesetzt, aber das trifft nicht ganz zu. Logisches Denken betrachtet die Denkinhalte nach ihrer Form und ihren Beziehungen zueinander. Daraus leitet es dann logische Gesetzmäßigkeiten ab und zieht Rückschlüsse.

Logisches Denken

Anders ausgedrückt bedeutet logisches Denken, verschiedene Sachverhalte zunächst einzeln zu beurteilen, um sie dann gedanklich in sinnvolle Beziehungen miteinander zu setzen.

Definition

In unserer von Naturwissenschaft und Technik geprägten modernen Welt spielt das logische Denken eine immer wichtigere Rolle. In beiden Bereichen gelten die strengen logischen Gesetze. Deshalb fällt es im Alltag immer schwerer, sich ohne logisches Denken zu orientieren und zu behaupten. Anschauliches Denken trägt dazu nur noch wenig bei, obwohl es nach wie vor ebenfalls Funktionen zu erfüllen hat.

Spielt eine immer wichtigere Rolle

Es fällt immer schwerer, sich ohne logisches Denken zu orientieren

Freilich darf man das logische Denken auch nicht überbewerten und die anderen Formen des Denkens vernachlässigen. Bei vielen wissenschaftlichen Erkenntnissen und technologischen Fortschritten stand am Anfang das kreative Neudenken, etwa ein spontaner Einfall oder eine plötzliche Eingebung. Erst hinterher überprüfte man, ob die Ideen sich mit der Logik vereinbaren ließen.

Nicht überbewerten

Hinzu kommt noch, daß auch das logische Denken

Wird auch vom Unbewußten beeinflußt

unmerklich mit vom Unbewußten beeinflußt wird, in dem die Gesetze der Logik außer Kraft gesetzt sind. Deshalb kann sich niemand immer streng logisch und berechenbar verhalten. Das gehört ebenfalls mit zur Vielfalt des Lebens.

Abstraktes Denken

Unentbehrliche Voraussetzung des Denkens überhaupt

Die Fähigkeit zum abstrakten Denken gehört zu den unentbehrlichen Voraussetzungen des Denkens überhaupt. Abstraktion bedeutet, Begriffe zu bilden und Sachverhalte zu veranschaulichen. Das geschieht immer zu Beginn eines Denkprozesses. Erst danach können andere Formen des Denkens Beziehungen und Zusammenhänge erfassen oder neu bilden.

Allmähliche Entwicklung des abstrakten Denkvermögens

Das abstrakte Denkvermögen steht uns nicht von Geburt an zur Verfügung, es entwickelt sich allmählich.

Das hängt auch von der Entwicklung der Persönlichkeit ab. Es gibt Menschen, die vorwiegend konkretanschaulich denken, und andere, bei denen das abstrakt-unanschauliche Denken im Vordergrund steht. Aber jeder geistig normal entwickelte Mensch ist innerhalb seiner individuellen Grenzen zum abstrakten Denken fähig.

Aktives und passives Denken

Aristoteles

Die Einteilung in aktive und passive Denkprozesse geht auf den bedeutenden griechischen Philosophen Aristoteles (384–322 v. Chr.) zurück. In seinem Werk befaßte er sich besonders eingehend mit Denken und Logik. Bis heute blieb seine Einteilung uneingeschränkt gültig. Da diese Unterscheidung auch für das positive Denken von Bedeutung sein kann, sollen die beiden Arten des Denkens abschließend noch kurz vorgestellt werden.

Aktives Denken

Das aktive Denken wird bewußt und gewollt in Gang gesetzt. Es beginnt mit einer Aufgabe, die dem Verstand gestellt wird, damit er sie gedanklich bearbeitet und löst. Dieser Denkprozeß wird dann vom Willen und nach den Gesetzen der Logik gesteuert, bis das erhoffte Ergebnis vorliegt, zum Beispiel eine Aufgabe oder ein Problem bewältigt werden kann.

Passives Denken läuft unwillkürlich ab

Passives Denken läuft unwillkürlich ab, der Denkakt selbst muß ebenso wie das Ergebnis nicht bewußt werden (kann das aber). Ein typisches Beispiel für passives Denken ist der Traum, der ohne Willensakt vom Unbewußten ausgeht und unbewußt bleibt oder auch erinnert werden kann. Zum Teil sind im Traum gefundene Ideen sogar alltagstauglich, können also tatsächlich zur Lösung von Aufgaben und Problemen beitragen. Allerdings muß das kritisch durch aktives Denken überprüft werden, denn oft handelt es sich auch nur um Pseudolösungen.

Beispiel

Ideen im Traum

Passives Denken kann unbewußt bleiben

Beim Traum kann also das passive Denken ebenso wie dessen Ergebnis unbewußt bleiben. Bei spontanen Einfällen, Inspirationen und intuitiven Lösungen bleibt der Denkakt ebenfalls unbewußt, aber die Ergebnisse werden immer bewußt. Charakteristisch ist, daß sie plötzlich wie aus heiterem Himmel einfallen. Umgangssprachlich sagt man dann oft, daß »der Groschen gefallen ist«.

Positives Denken erfordert aktives und passives Denken

Positives Denken erfordert sowohl aktives als auch passives Denken. Zuerst muß aktiv erkannt und beschlossen werden, daß positives Denken eingeübt und angewendet werden soll. Danach entscheidet man sich wiederum durch aktives Denken für eine geeignete Technik und formuliert die Ziele, die durch positives Denken angestrebt werden. Dann beginnt das passive Denken, bei dem zum Beispiel positive Erwartungen und Vorstellungen entwickelt werden.

Ich bin, was ich denke

Leider gibt es keine Statistik zu der Frage, wie positives oder negatives Denken das Leben günstig oder ungünstig beeinflußt. Aus der psychotherapeutischen Praxis läßt sich aber unschwer herleiten, welchen enormen Einfluß die Gedanken auf den Menschen nehmen können.

Einfluß der Gedanken

Natürlich sind wir nicht ausschließlich das, was wir denken. Dabei spielen auch noch andere Faktoren eine Rolle, wie etwa die Veranlagung. Aber die Qualität des Denkens bestimmt bei jedem mehr oder minder deutlich mit, ob er gesund bleibt, sich selbst verwirklichen kann, Probleme und Konflikte des Alltags erfolgreich meistert, Sinn und Erfüllung in seinem Leben findet.

Qualität des Denkens

> Das alles gelingt nur dann optimal, wenn es durch überwiegend positive Gedanken gestützt wird. Bei vorwiegend negativem Denken scheitert man fast zwangsläufig in einigen oder allen wichtigen Bereichen des Lebens.

Diese vielfach belegte Tatsache verdeutlicht eindringlich, wie wichtig das Training des positiven Denkens für Gesundheit, Glück und Erfolg im Leben ist.

Die Macht der Gedanken

Wenn man bei einer schwierigen Aufgabe gleich zu Beginn denkt: »Das schaffe ich doch nie!«, wird sich dieser negative Gedanken häufig verwirklichen, selbst wenn die Bedingungen für einen Erfolg nicht so ungünstig stehen. Wer dagegen positiv denkt: »Ich schaffe das schon, auch wenn es noch so schwierig erscheint!«, wird die Aufgabe selbstbewußt als Herausforderung annehmen und wahrscheinlich zu einem guten Ende bringen, auch wenn die Voraussetzungen dafür ungünstig erscheinen.

Negative Gedanken verwirklichen sich häufig

Positive Gedanken unterstützen die Lösung einer Aufgabe

Beide Gedanken wecken Erwartungen und Vorstellungen mit einer starken Tendenz, real zu werden. In der Psychologie spricht man von »sich selbst erfüllenden Erwartungen«. Der negative Gedanke blockiert weitgehend alle Fähigkeiten und Kräfte, die zur Lösung der Aufgabe erforderlich sind, während der positive Gedanke alle Fähigkeiten für einen Erfolg aktiviert.

Sich selbst erfüllende Erwartungen

Der bewußte Wille zum Erfolg mag noch so ausgeprägt sein, wenn er nicht mit den durch Gedanken geweckten Erwartungen und Vorstellungen übereinstimmt, kann er sich meist nicht durchsetzen, allenfalls vielleicht das Schlimmste verhüten.

Der Wille zum Erfolg muß mit positiven Gedanken übereinstimmen

Diese immer wieder bewiesene Tatsache stellt eine Art »Grundgesetz der Psyche« dar. Einer der Mitbegründer der amerikanischen Schule von Palo Alto, die als bahnbrechend für die Geisteswissenschaften des ausgehenden 20. Jahrhunderts gilt, war der auch bei uns als Autor origineller Bücher bekannte *Paul Watzlawick* (zeitgenössischer Philosoph). Er brachte den Zusammenhang von negativen Gedanken mit Mißerfolgen auf den einfachen Nenner: »Wenn etwas schiefgehen kann, dann geht es auch schief!«

Grundgesetz der Psyche

Paul Watzlawick

Wenn etwas schiefgehen kann, dann geht es auch schief

Die Fähigkeit, positive Erwartungen und Vorstellungen bewußt zu formulieren und dem Unbewußten einzuprägen, bildet eine Grundlage des positiven

Grundlage des positiven Denkens

Denkens. Jeder Mensch, selbst der schwärzeste Pessimist, denkt zuweilen auch positiv. Aber wenn man wartet, bis solche Gedanken sich von selbst einstellen, sind sie häufig dann nicht verfügbar, wenn sie gerade benötigt werden. Wer hingegen gelernt hat, positive Gedanken nach Bedarf zu entwickeln, kann sie jederzeit als vielfältig nutzbare Lebenshilfe einsetzen. In diesem Buch geht es darum, dies zu erlernen.

Positive Gedanken nach Bedarf entwickeln

Im Alltag werden wir alle ganz selbstverständlich und oft unbemerkt von unseren Gedanken gesteuert. Diese Tatsache belegt zwar, daß unser Schicksal maßgeblich mit von unserem Denken bestimmt wird, vermittelt aber noch keinen richtigen Eindruck davon, wie mächtig diese Gedanken wirken können.

Wir werden oft unbemerkt von Gedanken gesteuert

Überzeugende und gut dokumentierte Beispiele dafür finden sich in der medizinischen und psychologischen Fachliteratur, man denke an vermeintliche »Wunderheilungen«, die Mediziner immer wieder vor Rätsel stellen. Sie veranschaulichen besonders eindringlich die Macht von Gedanken, die einen Todkranken retten, aber auch einen kerngesunden Menschen schwer krankmachen können. An drei Beispielen soll das nun aufgezeigt werden.

»Wunderheilungen«

Beispiel 1

Nach seiner Entlassung aus der Haft brach ein junger Mann auf dem Heimweg bewußtlos zusammen. Im Krankenhaus stellte man einen extrem hohen Blutzuckerspiegel fest. Trotz sofortiger Intensivtherapie konnte er nicht mehr normalisiert werden, der Mann starb bald danach im Koma.

Die Obduktion ergab, daß die Bauchspeicheldrüse, deren Hormon Insulin den Zuckerhaushalt reguliert, voll funktionsfähig war. Auch andere Krankheiten als Todesursache konnten nicht nachgewiesen werden. Der Befund lautete schließlich psychogener (seelisch bedingter) Tod. Der junge Mann hatte sich buchstäblich zu Tode geschämt, weil er mit seiner Heimkehr aus der Haft extrem negative Vorstellungen verband.

Beispiel 2
Bei der Arbeit an einer Hochspannungsleitung berührte ein Elektromonteur versehentlich ein Kabel und stürzte sofort tot zur Erde. Das scheint bei den hohen Stromspannungen in solchen Überlandleitungen nicht ungewöhnlich, niemand hätte diesen Stromstoß überlebt.
Als der Unfall rekonstruiert wurde, stellten die Ermittler aber verblüfft fest, daß es überhaupt keinen Stromstoß gegeben haben konnte, denn die berührte Leitung war stromfrei geschaltet worden. Das konnte der verunglückte Monteur aber nicht wissen. Auch er wurde Opfer seiner negativen Erwartung und starb am psychogenen Tod.

Beispiel 3
Auf der Krebsstation einer Klinik lag ein todkranker Mann, den die Ärzte bereits aufgegeben hatten. Deshalb blieb der Chefarzt bei der Visite nicht an seinem Krankenbett stehen, sondern bemerkte im Vorübergehen nur zu den anderen Ärzten »moribund«.
Glücklicherweise war der Patient kein Lateiner und verstand nicht, daß moribund »sterbend« bedeutet. Er zog aus dem Verhalten des Chefarztes einen ganz verkehrten Rückschluß: »Wenn der Herr Professor sich nicht mehr selbst um mich kümmert«, so seine Überlegung, »kann es nicht mehr so schlimm um mich stehen.« Und es kam genau so, wie er sich irrtümlich vorstellte: Seine positive Erwartung besiegte die unheilbare Krebskrankheit, er konnte bald als gesund entlassen werden.

So unglaublich diese drei Beispiele (aus zahlreichen ähnlichen) auch erscheinen mögen, sind sie doch wissenschaftlich exakt erfaßt und ausgewertet. Es gibt aber auch weniger spektakuläre Belege für die Macht der Gedanken. Dazu auch noch ein Beispiel zum Abschluß.

Beispiel 4

Weniger spektakuläres Beispiel für die Macht der Gedanken

Im Jahre 1974 begann in Großbritannien eine zehnjährige wissenschaftliche Studie mit Frauen, die wegen einer Brustkrebserkrankung operiert worden waren. 3 Monate nach dem chirurgischen Eingriff untersuchten Psychologen die Einstellungen und Erwartungen der Patientinnen zu ihrer Krankheit. Dabei ermittelten sie 2 Gruppen:

- Gruppe 1 fühlte sich resigniert, mutlos, hoffnungslos und der Krankheit ausgeliefert, zum Teil wurde jeder Gedanke an den Krebs verdrängt.
- Gruppe 2 dagegen nahm die Krankheit bewußt und kämpferisch an, wehrte sich dagegen mit allen Mitteln und entwickelte positive Erwartungen von der Zukunft.

Beide Gruppen wurden nach diesem ersten Befund weiter beobachtet. Nach 10 Jahren waren 78 % der Gruppe 1 an einem Rückfall gestorben. Von der optimistischen Gruppe 2 hingegen lebten noch 55 % ohne Rückfall. Dabei spielten weder Tumorgröße noch Art der Behandlung und Alter der Patientinnen eine Rolle, der Unterschied ergab sich eindeutig aus den verschiedenen Einstellungen und Erwartungen.
(Ergänzend sei noch erwähnt, daß sich die Prognose bei Brustkrebs seit damals insgesamt deutlich verbessert hat.)

Hilfe durch positive Gedanken

Wenn unsere Gedanken und die von ihnen geweckten Erwartungen und Vorstellungen also in der Lage sind, zum psychogenen Tod zu führen oder lebensbedrohliche Krankheiten zu heilen, wieviel mehr Hilfe kann man dann in weniger extremen Situationen des Alltags vom positiven Denken erhoffen.

Jeder Mensch ist in der Lage, diese Macht der positiven Gedanken zu nutzen und negatives Denken zu vermeiden oder zu neutralisieren. Wer daran nicht glaubt oder meint, dazu fehle ihm die Zeit, beweist damit schon negative Gedanken und benötigte das positive Denken besonders dringend.

Negatives Denken – »Gift« für das Leben

Wenn Gedanken über Leben und Tod entscheiden können, ist es gewiß nicht übertrieben, das negative Denken als »Gift« zu bezeichnen. Meist wirkt es schleichend und bleibt oft unbemerkt, stört oder zerstört allmählich aber das ganze Leben. Der psychogene Tod als Folge bleibt natürlich die extreme Ausnahme, zahlreiche andere ernste Auswirkungen kommen aber sehr häufig vor, wie später noch dargestellt wird.

Negatives Denken wirkt schleichend und bleibt oft unbemerkt

Häufige Ursachen negativer Gedanken

Die Neigung zu negativem Denken beobachtet man oft über Generationen hinweg in einer Familie. Das läßt sich aber nicht auf die Gene zurückführen, wie man auf den ersten Blick annehmen könnte. Es gibt kein spezielles »Gen für negatives Denken«. Vielmehr wird das negative Denken in den betroffenen Familien regelrecht erlernt. Darin steckt aber auch eine große Chance, denn was erlernt wurde, kann durch Neu- und Umlernen auch wieder verlernt werden. Am Anfang steht eine Bezugsperson des Kindes, meist ein Elternteil oder ein anderer einflußreicher Mensch, der zum negativen Denken tendiert. Das Kind nimmt ihn zum Vorbild und entwickelt meist ebenfalls die

Oft über Generationen hinweg in einer Familie

Das negative Denken wird erlernt

Bezugsperson des Kindes mit negativem Denken

Neigung zum negativen Denken. Seltener kommt es allerdings auch vor, daß dieses Vorbild zum gegenteiligen Effekt führt, das Kind also die Tendenz zum positiven Denken ausbildet.

Negatives Denken durch Vorbilder

Diese »seelisch-geistige Vererbung« des negativen Denkens setzt sich häufig über mehrere Generationen hinweg fort. Die Kinder übernehmen von erwachsenen Vorbildern die negativen Denkgewohnheiten und geben sie später meist an ihre Kinder weiter.

Schwer zu durchbrechender Teufelskreis

Dieser Teufelskreis kann nur schwer durchbrochen werden. Zwar wird den negativ erzogenen Kindern später oft bewußt, welche Fehler bei ihrer Erziehung vorkamen, und sie nehmen sich vor, diese bei ihren Kindern nicht zu wiederholen. Allzuoft gelingt das aber nicht, unbewußt erziehen sie die eigenen Kinder doch ähnlich, wie sie selbst erzogen wurden. Erst wenn es irgendwann einem Mitglied der Familie gelingt, sich dem negativen Einfluß zu entziehen, kann diese »Vererbung« unterbrochen werden.

Erziehung gehört zu den wichtigsten Ursachen des negativen Denkens

Die Erziehung gehört also zu den wichtigsten Ursachen des negativen Denkens. Kinder können sich naturgemäß der negativen Erziehung kaum entziehen, bemerken bewußt überhaupt nicht, daß sie damit in eine falsche Richtung gedrängt werden. So schafft die Erziehung häufig die Grundlagen für negatives Denken, das sich dann durch ungünstige Lebenserfahrungen noch verstärkt.

Was ist Erfahrung?

Das Wort *Erfahrung* wird in der Psychologie mehrdeutig verwendet. Einmal versteht man darunter das Erleben und Empfinden (also Erfahren) von Reizen, die von außen oder aus Körper und Seelenleben einwirken. Damit verbunden ist, daß Empfindungen, Ereignisse und Sachverhalte bewußt werden. Ferner gewinnt man Erfahrungen, indem man Eindrücke und Erlebnisse subjektiv beurteilt. Schließlich bedeutet auch noch das Wissen, das man aus solchen Vorgängen gewinnt, eine Form der Erfahrung.

Positive und negative Erfahrungen

Normalerweise wechseln sich im Leben positive und negative Erfahrungen ab. Zwischendurch mag es einmal so scheinen, als ob in einer prekären Situation keine positive Erfahrung mehr erhofft werden darf. Die praktische Lebenserfahrung lehrt jedoch, daß auch die längste Pechsträhne irgendwann zu Ende geht und positive Erlebnisse für einige Zeit die Oberhand gewinnen. Das gelingt desto besser, je positiver man im allgemeinen denkt.

Auch die längste Pechsträhne geht irgendwann zu Ende

Diese Einsicht verhindert in der Regel besonders krasse Reaktionen auf negative Erfahrungen, zum Beispiel Selbstaufgabe, Hoffnungslosigkeit, Resignation und Verzweiflung. Zumindest trägt eine derartige Einsicht aber dazu bei, daß negative Erfahrungen und die Reaktionen darauf bewußt angenommen und aktiv verarbeitet werden können. Führt man das konsequent durch, verlieren sie irgendwann ihren negativen Einfluß.

Keine besonders krassen Reaktionen auf negative Erfahrungen

Heutzutage besteht allerdings eine verbreitete Tendenz, die unvermeidlichen negativen Erfahrungen des Lebens nicht mehr zu verarbeiten. Schon bei leichteren negativen Einflüssen, erst recht aber bei schweren Verlusten und Enttäuschungen, versuchen viele Menschen, diese Erlebnisse so rasch wie möglich ins Unbewußte zu verdrängen, um sich nicht damit auseinandersetzen zu müssen. So werden die negativen Ereignisse aber nur scheinbar vergessen. Aus dem Unbewußten stören sie nach wie vor, aber das kann nun nicht mehr bewußt wahrgenommen, also auch nicht geändert werden.

Heute werden negative Erfahrungen meist nicht verarbeitet, ...

... sondern ins Unbewußte verdrängt

Sie stören aber aus dem Unbewußten

Viele negative Gedanken, deren Ursachen nicht erkennbar sind, können sich aus solchen verdrängten Inhalten des Unbewußten erklären.

Dann fällt es meist besonders schwer, sie zu bewältigen. Unter Umständen kann dazu therapeutische Hilfe notwendig werden.

Ebensowenig wie die Verdrängung unangenehmer Erfahrungen auf Dauer nützt, bewirken auch Alko-

Auch Alkohol, Psychopharmaka und Drogen helfen nicht

hol, Psychopharmaka oder Drogen nichts. Damit können die negativen Erlebnisse auch nur »verdrängt«, aber nicht bewältigt werden, tragen also zum negativen Denken bei.

Verdrängung gehört zu den Selbstheilungsregulationen des Seelenlebens

Nun darf die Verdrängung aber auch nicht ganz schlechtgeredet werden. Im Grunde gehört sie nämlich zu den Selbstheilungsregulationen des Seelenlebens.

Stellenwert der verdrängten Erfahrungen

Es kommt immer darauf an, welchen individuellen Stellenwert die verdrängten Erfahrungen besitzen. Wird die Erinnerung an einen unbedeutenden Mißerfolg verdrängt, kann das vollständig und ohne schädliche Folgen gelingen, weil diese Erfahrung nicht tiefer berührt. Alle wirklich wichtigen, tiefgreifenden negativen Erfahrungen hingegen lassen sich in der Regel nie dauerhaft und ohne negative Auswirkungen ins Unbewußte abschieben. Das hat einen guten Grund, denn gerade aus solchen bewußt verarbeiteten Erfahrungen können wir lernen und die Persönlichkeit entwickeln.

Aus bewußt verarbeiteten Erfahrungen können wir lernen

Trauerarbeit kann verhindert werden

Verschlimmert werden die Folgen der Verdrängung noch, weil dadurch die Trauerarbeit verhindert wird. Im eigentlichen Sinn versteht man unter Trauerarbeit zwar die Verarbeitung von Gefühlen, die nach einem Todesfall oder nach der Trennung von einem nahestehenden Menschen erforderlich ist, um über den Verlust hinwegzukommen. Man verwendet das Wort aber auch für die Bewältigung aller Gefühlsregungen, die durch belastende negative Erfahrungen gleich welcher Art auftreten.

Erhebliche psychische Störungen drohen

Wenn diese Emotionen nicht verarbeitet, sondern zusammen mit der ursächlichen negativen Erfahrung verdrängt werden, drohen erhebliche psychische Störungen, insbesondere Depressionen und unklare Angstzustände, meist verbunden mit negativen Gedanken.

Negative Gefühle müssen abreagiert werden

Zur Bewältigung negativer Lebenserfahrungen gehört deshalb unbedingt auch, daß Gefühle wie Trauer, Schmerz, Enttäuschung und Zorn als Reaktion abreagiert werden. Das ist ein Akt der Psychohygiene, die für das Seelenleben ähnlich wichtig wie die körperliche Hygiene ist.

Die Art und Weise, wie Erfahrungen und damit verbundene Emotionen verarbeitet werden, hängt maßgeblich mit von der Persönlichkeit ab, die wiederum durch derartige Erfahrungen mitgeprägt wird. Ferner spielen die Erziehungs- und Milieueinflüsse in der Kindheit und Jugend eine wichtige Rolle, selbst wenn sie längst nicht mehr bewußt sind. Wenn es nicht gelingt, eine Erfahrung selbständig zu bewältigen, kann eine psychologische Beratung angezeigt sein, beispielsweise bei den kommunalen psychosozialen Beratungsstellen, die es vielerorts gibt.

Die Verarbeitung der Erfahrungen hängt von der Persönlichkeit ab ...

... und von Erziehungseinflüssen

Den Erfahrungen des Lebens kann niemand ausweichen. Man muß sie annehmen, auch wenn sie nicht den eigenen Vorstellungen, Erwartungen und Zielen entsprechen. Unter dieser Voraussetzung kann man insbesondere aus schweren Lebenskrisen gereift und gestärkt hervorgehen, neue Möglichkeiten wahrnehmen, die vorher im Alltag nicht sichtbar waren.

Die Erfahrungen des Lebens annehmen

Man kann aus schweren Lebenskrisen gestärkt hervorgehen

Wer gelernt hat, in jeder Lebenslage nach positiven Aspekten zu fragen, wird durch keine Krise dauerhaft verunsichert oder blockiert. Er behält immer die bewußte Kontrolle und Entscheidungsfreiheit in der kritischen Situation, kann sie deshalb optimal bewältigen und verarbeiten.

Folgen des negativen Denkens

Viele Pläne, Hoffnungen, Absichten, Ziele und Wünsche eines Menschen scheitern an negativen Gedanken. Selbst zwischenmenschliche Beziehungen können dadurch erheblich gestört oder gar zerstört werden. Das negative Denken nimmt praktisch auf alle Bereiche des Lebens einen ungünstigen Einfluß.

Negatives Denken kann auf alle Lebensbereiche einen ungünstigen Einfluß ausüben

Das kann zum Teil zu schwerwiegenden, nicht mehr korrigierbaren Konsequenzen führen.

Häufig werden die Zusammenhänge zwischen negativen Gedanken und negativen Lebenserfahrungen aber nicht erkannt oder rasch verdrängt. Enttäuschungen und Versagen erklärt man aus unglücklichen äußeren Umständen, persönlicher Unfähigkeit, eigener oder fremder Schuld. Soziale Probleme führt man auf die böswilligen anderen oder auf eigene Fehler zurück, empfindet sich zum Beispiel nicht interessant, liebenswürdig und attraktiv genug für gute soziale Bindungen.

Erklärungsversuche

Soziale Probleme

Solche Erklärungsversuche sind zwar auch schmerzlich, aber für viele Betroffene offenbar doch noch bequemer als der Versuch, aktiv gegen die negativen Denkgewohnheiten vorzugehen.

Selbstanklage verstärkt das negative Denken

Aber wenn man sich selbst anklagt oder in den Schmollwinkel zurückzieht, wird das negative Denken noch verstärkt. Das kann unter anderem zu Angstzuständen, Depressionen, Minderwertigkeitsgefühlen und Vereinsamung führen. Manchmal scheint es überhaupt keinen Ausweg mehr zu geben, dann wird der Freitod als letzte Lösung gewählt.

Freitod als letzte Lösung

Körperliche Beschwerden als Begleiter der psychosozialen Folgen

Da Körper, Seele und geistige Funktionen in ständiger Wechselbeziehung stehen, werden die psychosozialen Folgen des negativen Denkens oftmals von körperlichen (psychosomatischen) Beschwerden begleitet. Das beginnt mit den verbreiteten Spannungskopfschmerzen, kann Herz-Kreislauf-Erkrankungen bis hin zum Herzinfarkt, Magengeschwüre oder Asthma begünstigen, nach neuerer Lehrmeinung sogar mit zu Krebskrankheiten beitragen. Die körperlichen Reaktionsmöglichkeiten sind individuell sehr unterschiedlich, abhängig vor allem von der Persönlichkeit der Betroffenen.

Wichtig ist die rechtzeitige Umkehr zum positiven Denken

Rechtzeitige Umkehr zum positiven Denken entzieht solchen körperlichen und seelisch-geistigen Störungen eine wichtige Grundlage. Natürlich darf man vom positiven Denken nicht erwarten, daß es lebenslang

Gesundheit und Glück gewährleistet, auch negative Erfahrungen gehören nun einmal zu unserem Leben. Aber positive Gedanken tragen entscheidend dazu bei, die körperlichen und seelisch-geistigen negativen Reaktionen auf ungünstige Erfahrungen zu vermeiden oder zumindest zu begrenzen. Gelingt das nicht aus eigener Kraft, sollte ohne falsche Scheu bald eine fachliche Lebensberatung aufgesucht werden.

Positive Gedanken können negative Reaktionen auf ungünstige Erfahrungen vermeiden

Positives Denken fällt nicht schwerer als negative Gedanken

Ob wir positiv oder negativ denken, der Denkprozeß als solcher ist immer gleich. Grundsätzlich gilt daher, daß es nicht schwerer fällt, positiv zu denken, als sich mit negativen Gedanken zu belasten. Wenn man sich noch vergegenwärtigt, welche günstigen Folgen das positive Denken nach sich zieht, sollte es im Vergleich zum negativen Denken sogar viel leichter fallen.

Der Denkprozeß ist immer gleich

Die Einsicht, daß es keiner besonderen Fähigkeiten und Kräfte bedarf, um positive Gedanken zu entwikkeln, ist von nicht zu unterschätzender Bedeutung. Viele Menschen glauben nämlich, daß man zwar einfach positiv denken kann, wenn alles gut geht, aber nicht bei negativen Erfahrungen. Deshalb erscheint ihnen positives Denken in jeder Lebenslage als Privileg, das nur wenigen vorbehalten bleibt. Und bei dieser Einstellung verwundert es nicht weiter, daß die meisten überhaupt nicht positiv zu denken versuchen, wenn es ihnen nicht so gut geht.

Man muß keine besonderen Fähigkeiten haben, um positiv zu denken

Die meisten versuchen gar nicht, positiv zu denken, wenn es ihnen nicht so gut geht

Natürlich fällt positives Denken subjektiv leichter, wenn man gerade eine Glückssträhne erlebt. Aber selbst dann gibt es genug Menschen, bei denen sich trotzdem nur negative Gedanken einstellen. Typisch ist zum Beispiel die Erwartung, daß das augenblickliche Glück nicht lange anhalten wird. Oft genug geht das auch in Erfüllung. Das geschieht fast zwangsläu-

Unsere Erwartungen neigen dazu, Realität zu werden

fig, weil unsere Erwartungen immer dazu neigen, Realität zu werden.

> Gerade wenn es im Leben einmal nicht so gut läuft, benötigt man positive Gedanken besonders dringend, um bald wieder aus dem Tief herauszufinden.

Einstellungen und Haltungen

Die Reaktionen auf die Erfahrungen des Lebens fallen individuell sehr unterschiedlich aus, selbst wenn die Situationen sich stark ähneln. Daran sind unter anderem die persönlichen Einstellungen und inneren Haltungen beteiligt. Sie entscheiden also auch mit darüber, ob ein Mensch positiv oder negativ denkt.

Einstellungen

Die *Einstellungen* eines Menschen führen zum Beispiel zur individuellen Reaktionsbereitschaft und beeinflussen die Art und Weise, wie Personen, Objekte und Werte wahrgenommen werden. Sie beruhen auf Werten, Überzeugungen und Emotionen. Erkennbar werden die Einstellungen vor allem im Handeln und Verhalten in den Bereichen, auf die sie sich beziehen. Wir alle verfügen über eine größere Anzahl individueller Einstellungen. Zwischen ihnen kann situationsgerecht rasch gewechselt werden.

Einstellungen sind sehr beständig

Funktion der Einstellungen

In der Regel sind die einzelnen Einstellungen sehr beständig, was Veränderungen im Lauf des Lebens jedoch nicht gänzlich ausschließt. Ihre Funktion besteht vor allem darin, eigenes Verhalten zu rechtfertigen, sich selbst zu bestätigen, Wege zur Verwirklichung von Zielen aufzuzeigen und angepaßtes Verhalten in ungewohnten Situationen zu ermöglichen. Überdies erleichtern sie das Verständnis der Welt, indem sie Zusammenhänge und Sachverhalte vereinfachen. Nicht zuletzt bestimmen sie auch noch mit, ob man eher positiv oder mehr negativ denkt.

Wurzeln der Einstellungen

Einstellungen haben mehrere Wurzeln, insbesondere

Anlagen, Erziehung, weltanschauliche, religiöse und politische Überzeugungen und viele andere äußere Einflüsse. Überwiegend sind sie in den tieferen Schichten der Persönlichkeit verankert. Deshalb können sie nicht so einfach verändert werden und prägen den Charakter eines Menschen mit.

Innere Haltungen

Innere Haltungen stehen in enger Wechselbeziehung mit den Einstellungen. Geprägt werden sie durch Anlagen, Erziehung und viele andere äußere Einwirkungen. Zu den Haltungen gehören zum Beispiel Eigenschaften wie »aufrechte Gesinnung« oder »Charakterstärke«. Im Denken, Verhalten und Handeln kommen die Haltungen zum Ausdruck.

Nur wenig Kontrolle durch Verstand und Willen

In der Regel unterliegen Einstellungen und Haltungen nur teilweise der Kontrolle und kritischen Prüfung durch Verstand und Willen. Wenn sie negativ geprägt sind, können sie unerkannt alle Lebensbereiche empfindlich stören. Diese negative Tönung steht in Beziehung mit Erziehung, Erfahrungen, ungünstigen anderen äußeren Einflüssen sowie der Neigung zum negativen Denken.

Wirkungen positiv »umgepolter« Denkgewohnheiten

Wenn die Denkgewohnheiten positiv »umgepolt« werden, wirkt sich das auch günstig auf Einstellungen, Haltungen und das von ihnen mitbestimmte Verhalten und Handeln aus. So tragen sie mit dazu bei, negative Erfahrungen zu vermeiden.

Vorstellungen und Erwartungen

Vorstellungen

Viele Inhalte des Bewußtseins entstehen durch Wahrnehmungen mit den Sinnesorganen. Auch für die *Vorstellungen* sind solche Wahrnehmungen unverzichtbar. Allerdings werden die Elemente von Wahrnehmungen erst in der Phantasie zu Vorstellungen zusammengefügt, die von der ursprünglichen Wahrnehmung erheblich abweichen können. Die Vorstellungen entwickeln wir also in uns selbst aus sinnlichen Wahrnehmungen in der Vergangenheit.

Die sprichwörtlichen »fünf Sinne« repräsentieren zwar nur einen Teil unserer Wahrnehmungsmöglichkeiten, aber nach ihnen werden die Vorstellungen unterteilt. Man unterscheidet also optische, akustische, Empfindungs-, Geruchs- und Geschmacksvorstellungen. Häufig besteht eine Vorstellung aus mehreren dieser Sinnesmodalitäten. Nach ihrer Entstehung unterteilt man die Vorstellungen in die folgenden beiden Gruppen:

Unterscheidung

- *Erinnerungsvorstellungen* aus Gedächtnisinhalten, die sich auf früher tatsächlich erlebte Ereignisse, Objekte und Personen beziehen. Diese Inhalte werden auf neue Situationen übertragen und können negativ geprägt sein, wenn die ehemaligen Erfahrungen negativ verliefen und nicht richtig verarbeitet wurden.

Erinnerungsvorstellungen

- *Phantasievorstellungen*, die aus den im Gedächtnis gespeicherten Inhalten der Wahrnehmung bestehen. Anders als die Ereignisvorstellungen werden sie jedoch in völlig neuer Weise zusammengefügt, wie man es in der Realität vorher noch nie erlebte. Auch hier können die Wahrnehmungen zu negativen Vorstellungen zusammengebaut werden, das hängt von den früheren Erfahrungen und von der aktuellen Situation ab.

Phantasievorstellungen

Erwartungen beruhen auf früheren Erfahrungen

Die *Erwartungen* beruhen auf früheren Erfahrungen, aus denen Rückschlüsse für die aktuelle Situation abgeleitet werden. Sie verursachen eine innere Spannung, die Denken, Verhalten und Handeln so beeinflußt, daß sich die Erwartung tatsächlich erfüllen kann.

Positive Erwartungen überwinden häufig Widerstände, negative bauen sie auf

Bei positiven Erwartungen ist das günstig, denn sie überwinden häufig auch starke Widerstände und Hindernisse auf dem Weg zum Ziel. Sinngemäß gilt das aber auch bei negativen Erwartungen, die Widerstände und Hindernisse aufbauen, die ohne sie überhaupt nicht vorhanden wären.

Massive Ängste vor zukünftigen Ereignissen

Negative Erwartungen können sich so schwerwiegend auswirken, daß massive Ängste vor zukünftigen

Ereignissen auftreten. Dieser Zustand besitzt oft Krankheitswert und wird dann als *Erwartungsneurose* bezeichnet.

Erwartungsneurose

Häufig setzen negative Erwartungen einen Teufelskreis in Gang, dem man nur schwer wieder entkommt. Wenn sie sich selbst erfüllen, bestätigen sie sich damit scheinbar und werden deshalb stärker. Beim nächsten Anlaß gehen sie noch sicherer in Erfüllung und gewinnen daher noch stärkeren Einfluß ... und so schaukelt sich das immer weiter auf. Einen Ausweg findet man nicht selten nur mit psychotherapeutischer Hilfe.

Vorbeugung

Die beste Vorbeugung besteht darin, frühzeitig positives Denken zu erlernen. Das bewahrt zwar auch nicht immer vor negativen Erwartungen (manchmal können die ja auch berechtigt sein), aber sie fallen in sich zusammen, anstatt sich aufzuschaukeln.

Hilfreiche Einsichten

Beim Umgang mit negativen Erwartungen und Vorstellungen sind zwei Einsichten hilfreich. Sie klingen eigentlich wie billige Binsenweisheiten, werden aber dennoch sehr häufig nicht berücksichtigt: »Alles hat zwei Seiten« und »Oft kommt es anders, als man denkt.«

Eine scheinbar negative Erfahrung kann auch positive Aspekte autweisen

Im Alltag erlebt man nicht selten, daß eine zunächst scheinbar negative Erfahrung bei genauerer Analyse auch positive Aspekte aufweisen kann. Umgekehrt wird eine anfangs vermeintlich positive Situation später vielleicht ihre negativen Seiten offenbaren. Häufig nimmt man eben nur die eine Seite wahr, die im Vordergrund steht und unmittelbar erlebt wird, während die andere oft erst nach geraumer Zeit erkennbar wird.

> Zum positiven Denken gehört daher auch die Einsicht, daß praktisch nichts nur negative Qualitäten aufweist, sondern fast immer auch noch ein positiver Aspekt vorhanden ist.

Das einzusehen fällt schwer in einer aktuellen negativen Situation, läßt sich aber einüben. Wichtig dazu ist, daß man die Erfahrungen des Lebens nicht verdrängt, sondern unter den verschiedenen Gesichtspunkten betrachtet, mögliche Folgen überdenkt und Strategien entwickelt, die das Schlimmste verhüten können.

Erfahrungen des Lebens dürfen nicht verdrängt werden

Aber selbst wenn man einmal überhaupt nichts Positives in einer Situation erkennen kann, bleibt immer noch der Lerneffekt. Die Bedeutung des Lernens aus schwierigen Situationen darf nicht unterschätzt werden. Nur durch das Lernen aus Erfahrungen und ihren Folgen können wir uns auch aus Fehlern für die Zukunft weiterentwickeln.

Lerneffekt

Maßgeblich ist dabei natürlich auch, wie man auf eine Erfahrung reagiert. Wird sie von vornherein durchweg negativ gewertet, können positive Aspekte kaum noch wahrgenommen werden. Dann bleibt die Erfahrung tatsächlich negativ.

Wichtig ist die Reaktion auf eine Erfahrung

Positives Denken hingegen läßt auch die positiven Gesichtspunkte einer negativ scheinenden Situation zum Vorschein gelangen. Das aktiviert alle Energien und Kräfte, die häufig eine negative Erfahrung noch zum Besseren wenden können.

»Alles hat zwei Seiten«, eine schlichte Einsicht, die aber viel mit über den Lebenserfolg entscheidet. Wer positives Denken ständig und konsequent einübt, wird praktisch allen Lebenserfahrungen (auch negativen) noch gute Seiten abgewinnen können. Das sollte so lange trainiert werden, bis die positiven Einsichten zur Gewohnheit werden.

»Alles hat zwei Seiten«

Kaum ein Mensch würde noch seines Lebens froh, wenn alle negativen Erwartungen und Vorstellungen tatsächlich Wirklichkeit würden. Aber »nichts wird so heiß gegessen wie gekocht«, lehrt uns die praktische Lebenserfahrung. Oft kommt es also ganz anders, als man zunächst erwartete.

»Nichts wird so heiß gegessen wie gekocht«

Aber obwohl das praktisch jeder immer wieder einmal erlebt, drängen sich negative Erwartungen und

Vorstellungen bei vielen Menschen wider besseres Wissen meist in den Vordergrund. Und weil solche Erwartungen und Vorstellungen zur Selbsterfüllung tendieren, richten sie oft erheblichen Schaden an, selbst wenn objektiv günstige Bedingungen vorherrschten. Da ist es schon ein Glück zu nennen, daß es nur selten so knüppeldick kommt, wie manche Pessimisten sich in ihren schwärzesten Phantasien ausmalen.

Negative Erwartungen drängen sich oft in den Vordergrund

Oftmals täuscht man sich über selbst erfüllte negative Erwartungen und Vorstellungen hinweg, indem man sie zum Schicksal oder persönlichen Pech erklärt. Das erinnert aber eher an das magische Denken (s. S. 23), das »okkulte« Einflüsse bemüht, wo man doch nur an den eigenen negativen Gedanken scheiterte.

Schicksal oder Pech

Die Einsicht, daß es selten so schlimm kommt, wie man es sich ausmalt, spielt ebenfalls eine wichtige Rolle auf dem Weg zum positiven Denken. Vor allem bewahrt sie vor unangebrachtem Pessimismus, der wie ein schleichendes Gift das ganze Leben zerstören kann.

Natürlich klingt es einfacher, als es in Wahrheit ist, aus dem Käfig der negativen Gedanken auszubrechen und zu positivem Denken zu finden. Es erfordert viel Zeit und Geduld. Aber wenn die Umkehr in den Denkgewohnheiten erst einmal vollzogen wurde, läßt sich das gesamte weitere Leben optimistischer, glücklicher und erfolgreicher als je zuvor gestalten.

Es ist nicht einfach, zu positivem Denken zu finden

Eine bewährte, viel zu wenig bekannte Hilfe beim Training des positiven Denkens ist eine Art »Tagebuch der Gedanken«. Dazu legt man eine Liste mit 3 Spalten an. In die 1. Spalte trägt man voraussehbare Ereignisse des nächsten Tages (oder mehrerer Tage, aber nicht zu viele) ein. Spalte 2 füllt man mit allen negativen Erwartungen und Vorstellungen, die man mit den verschiedenen Ereignissen verbindet. In der 3. Spalte versucht man schließlich, den negativen Inhalten der Spalte 2 bewußt positive Gedanken entgegenzusetzen.

Tagebuch der Gedanken als Hilfe

Beispiel:

Tagebuch meiner Gedanken

Wichtige Ereignisse	Negative Erwartungen und Vorstellungen	Positive Erwartungen und Vorstellungen
Prüfung	»Sicher habe ich bis morgen alles vergessen und falle durch die Prüfung.«	»Ich habe mich gut vorbereitet, also schaffe ich die Prüfung auch.«*
– und so weiter –		

Sobald das wichtige Ereignis überstanden ist, zieht man bei nächster Gelegenheit (zum Beispiel am Abend danach) eine Bilanz. Darin wird die tatsächliche Erfahrung mit den negativen Erwartungen und Vorstellungen im Tagebuch verglichen. Dabei stellt man nicht selten fest, daß es nicht so schlimm kam, wie man ursprünglich befürchtete.

Neigung zum negativen Denken kann verringert werden

Führt man diese Technik über einige Zeit konsequent fort, kann sich allein dadurch die Neigung zum negativen Denken schon verringern. Man sieht im Tagebuch der Gedanken schwarz auf weiß, wie unnötig alle Sorgen im Grund waren. In einem unmerklichen Lernprozeß wirkt sich das allmählich günstig auf alle Erwartungen und Vorstellungen aus.

Sorgfältige Analyse

Falls sich aber die negativen Gedanken aus dem Tagebuch erfüllten, muß man sorgfältig analysieren, weshalb es dazu kam. Zuerst fragt man nach möglichen objektiven Gründen. Im obigen Beispiel wird also abgeklärt, ob man sich auf die Prüfung doch unzulänglich vorbereitet hat und deshalb scheiterte.

* Natürlich kann dieser positive Gedanke nur dann wirken, wenn man sich tatsächlich gut vorbereitet hat. Andernfalls wäre das lediglich eine Flucht aus der Realität, aus der ein böses Erwachen drohte.

Wenn sich aus diesen selbstkritischen Erwägungen aber keine Anhaltspunkte ergeben, muß man meist davon ausgehen, daß die negativen Erwartungen und Vorstellungen sich eigendynamisch selbst erfüllten. Mit dieser Einsicht sollte es dann leichter gelingen, das positive Denken konsequent einzuüben.

Eigendynamische Selbsrerfüllung

Wer mit den positiven Gedanken schon einige Erfahrungen gesammelt hat, kann das Gedanken-Tagebuch abändern. Die Spalte 2 mit den negativen Erwartungen und Vorstellungen entfällt. Zu bevorstehenden wichtigen Ereignissen werden nur noch positive Gedanken entwickelt. Indem man sie niederschreibt, gewinnen sie meist größeren Einfluß, als wenn man sie sich nur geistig vorstellt.

Abänderung des Tagebuchs

Zugleich wird mit den schwarz auf weiß festgehaltenen positiven Erwartungen und Vorstellungen eine Art Erfolgskontrolle möglich. Dazu vergleicht man die positiven Gedanken mit den tatsächlichen Erfahrungen. Wenn sie ungefähr übereinstimmen, besteht kein weiterer Handlungsbedarf. Klaffen sie dagegen auseinander, müssen zunächst wieder die möglichen Ursachen analysiert werden. Lag es vielleicht »nur« an falscher Vorbereitung, die zum Mißerfolg führte? Oder erwies sich die Tendenz zu selbsterfüllenden negativen Erwartungen und Vorstellungen doch noch als so mächtig, daß die positiven Gedanken scheiterten? Im letzteren Fall muß weiter daran gearbeitet werden, das positive Denken zu fördern.

Erfolgskontrolle durch Tagebuch

Das Tagebuch der Gedanken kann auch für diejenigen, die das positive Denken bereits verinnerlicht haben, noch ein sinnvoller Begleiter sein. Selbst in den schwierigsten Situationen wird man mit seiner Hilfe nicht erneut in negatives Denken abdriften. Sollte es dennoch einmal zu einem solchen »Rückfall« kommen, führt das Tagebuch bald konsequent zurück in die positive Zone.

Sinnvoller Begleiter

Zweistufiges Denken

Die Unterschiede und Funktionen von aktivem und passivem Denken wurden bereits erklärt (s. S. 26). Beide Denkarten sind notwendig, um positive Gedanken einzuüben. Da anfangs das aktiv-willentliche Denken überwiegt, später jedoch passiv-unwillkürliches Denken in den Vordergrund tritt, spricht man auch vom zweistufigen Denken.

Aktiver Denkprozeß

Die Einsicht, daß man positives Denken erlernen und pflegen sollte, entsteht durch einen aktiven Denkprozeß, an dem auch psychische Inhalte beteiligt sind. Damit entschließt man sich zum Beispiel, ein Buch zu kaufen oder ein Seminar zu besuchen und die dabei vermittelten Anleitungen umzusetzen, um das Denken positiv umzupolen.

Absichten und Ziele formulieren

Ebenfalls durch aktive Denkakte formuliert man dann Absichten und Zielsetzungen, die durch positive Gedanken einfacher, zügiger und zuverlässiger realisiert werden können. Erst auf dieser aktiv und bewußt geschaffenen Basis kann positives Denken eingeübt werden.

Aktives Denken kann nicht ausgeschaltet werden

Aber auch bei den nachfolgenden Lernprozessen, die zu positiven Gedanken führen sollen, wird das aktive Denken nicht vollständig ausgeblendet. Wahrscheinlich gibt es keinen Europäer, dem es gelingt, aktives Denken gänzlich auszuschalten. Dazu bedarf es langer Meditation, wie sie zum Beispiel die indischen Yogis tage- bis wochenlang durchhalten. In diesem Zustand tiefster Versenkung, den sie erreichen, erlischt das aktive Denken.

Positives Denken soll dazu führen, Aufgaben und Ansprüche besser zu bewältigen

Eine so tiefe Meditation ist nicht notwendig, um sich positive Gedanken einzuprägen. Dabei bestünde eher die Gefahr, daß man aus der Realität flieht und lebensuntüchtig wird (s. S. 89). Aber gerade das darf durch positives Denken nie geschehen. Es soll im Gegenteil dazu befähigen, die Aufgaben und Ansprüche des Alltags leichter und besser zu bewältigen.

Allein durch passives Denken kann man sich positive

Gedanken aber kaum gut genug einprägen. Zwar können sie zum Unbewußten gelangen und darin verankert werden, aber das geschieht nicht immer automatisch. Viele Einflüsse können be- und verhindern, daß positive Gedanken das Unbewußte erreichen. Deshalb empfiehlt es sich, den unbewußten Bereich des Seelenlebens aufnahmefähiger zu machen. Am zuverlässigsten gelingt das mit den verschiedenen Entspannungstechniken. Bei den meisten Menschen wirkt positives Denken nur optimal, wenn es mit solchen Techniken kombiniert wird.

Der unbewußte Bereich des Seelenlebens muß aufnahmefähiger gemacht werden

So erlernt man positives Denken

Positives Denken muß systematisch eingeübt werden

Wir kennen wohl alle den einen oder anderen Menschen mit unverwüstlichem Optimismus, dem negatives Denken wesensfremd ist. Wer nicht zur Minderheit dieser »Naturtalente« gehört, muß das positive Denken systematisch einüben, bis es durch keine Lebenserfahrung mehr über längere Zeit ins Wanken gebracht werden kann.

Motivation ist wichtig

Wer sich im Lauf der Zeit an negative Gedanken gewöhnt hat, befürchtet wohl zunächst, daß ihm die positive Wende nicht mehr gelingt. Diese Sorge erweist sich fast immer als unbegründet. Man muß nur gut motiviert und offen mit dem Denktraining beginnen.

Entspannung öffnet das Unbewußte

Positive Gedanken sollen ins Unbewußte eingeprägt werden

Normalerweise finden wir zum unbewußten Teil des Seelenlebens keinen direkten Zugang (sonst wäre es ja nicht mehr unbewußt). Die positiven Gedanken, die man erlernt, sollen aber ins Unbewußte eingeprägt werden, nur dann wirken sie im täglichen Leben optimal.

Das Unbewußte öffnet sich im Traum

Vollkommen unzugänglich bleibt das Unbewußte aber nicht. So öffnet es sich zum Beispiel jede Nacht, wenn wir träumen. Auch spontane Einfälle, Intuitionen und ähnliche Phänomene, die unerklärlich scheinen, stammen häufig aus dem Unbewußten. Es ist also durchaus möglich, indirekt mit ihm in Kontakt zu treten.

Der Traumschlaf ist freilich ungeeignet, um positive Gedanken zu formulieren und an das Unbewußte weiterzugeben. Zum Denktraining führt man einen schlafähnlichen Zustand herbei, nämlich die tiefe Entspannung. Dabei kann sich das Unbewußte öffnen und die bewußt formulierten positiven Erwartungen und Vorstellungen aufnehmen.

Der Traumschlaf ist ungeeignet zur Formulierung positiver Gedanken

Streng genommen gehört die Entspannung zu den natürlichen Fähigkeiten eines jeden Menschen. Sie kann sogar überlebenswichtig werden, damit man nicht an Erschöpfung stirbt. Eigentlich müßte man sie also nicht erst einüben.

Entspannung ist eine natürliche Fähigkeit

Heutzutage leiden aber zum Teil schon Kinder und Jugendliche derart an Streß, Hektik und Reizüberflutung, daß sie sich nicht mehr richtig entspannen können (dabei wäre das gerade in einer solchen Situation besonders wichtig). Deshalb müssen sie die Entspannung regelrecht neu erlernen.

Streß schon bei Kindern

Im Lauf der Zeit entstanden verschiedene Methoden zur Tiefentspannung. Am besten eignen sich oft die systematisch aufgebauten, etwa das autogene Training, weil sie leichter zu erlernen und zu praktizieren sind. Grundsätzlich gilt aber, daß die Methode zur Entspannung nicht so wichtig ist. Entscheidend kommt es vielmehr auf gute Motivation und konsequentes Training an, dann wirkt praktisch jede Technik.

Gute Motivation und konsequentes Training sind entscheidend

Wenn man sich schwer für eine Methode entscheiden kann, ist es sinnvoll, durch einschlägige Literatur oder »Schnupperkurse« (etwa an der Volkshochschule) erste Eindrücke von verschiedenen Entspannungstechniken zu gewinnen. Auf der Grundlage dieser Erfahrungen fällt es dann leichter, die individuell am besten geeignete Methode zu wählen.

Für diejenigen, die keinen fachlich geleiteten Entspannungskurs absolvieren können oder wollen, stehen außer der Fachliteratur noch Hilfsmittel zur Verfügung. Gut bewähren sich zum Beispiel oft Tonkassetten oder andere Datenträger mit entspannenden Suggestionen.

Entspannungsmethoden können selbständig erlernt werden

Grundsätzlich könnten viele Entspannungsmethoden selbständig erlernt werden. Das Risiko besteht darin, daß man anfangs auf Probleme stößt, die man mangels Erfahrung nicht selbst lösen kann. Wenn dann kein Entspannungstherapeut zugezogen wird, gibt man das Training erfahrungsgemäß häufig frustriert wieder auf. Schlimmstenfalls kann es sogar zu Verspannungen und funktionellen Störungen an Organen kommen. Letztlich muß jeder selbst beurteilen, ob er sich das selbständige Training zutraut.

Einfache Entspannungsmethoden

Wer noch nicht ganz verlernt hat, sich tief zu entspannen, muß nicht unbedingt ein spezielles Trainingsprogramm absolvieren. Auch diejenigen, die sich nicht zum systematischen Üben entschließen können, sollten nicht halbherzig zum Beispiel autogenes Training betreiben, sondern sich auf einfache Weise zu entspannen versuchen.

Vorteil

Die »freien« Entspannungsmethoden bieten den Vorteil, daß man besser als bei einem vorgegebenen Übungsplan auf individuelle Bedürfnisse eingehen kann. Diese Stärke bildet aber zugleich auch eine Schwäche, weil sich leichter Fehler einschleichen und die zum regelmäßigen Training notwendige Selbstdisziplin nicht gefördert wird. Da es grundsätzlich aber nicht so sehr auf die Methode ankommt, sondern vornehmlich auf gute Motivation und konsequentes Üben, besteht kein Einwand dagegen, die Entspannung zunächst einmal so zu versuchen.

Es kommt nicht auf die Methode an

Stellt sich nicht bald eine Wirkung ein, sollte aber doch eine spezielle Technik möglichst unter fachlicher Anleitung erlernt werden. Sonst könnte sich unmerklich die negative Erwartung ausbilden, daß man überhaupt nicht zur tiefen Entspannung in der Lage ist, was sich dann oft selbst erfüllt.

Meist bleibt es fruchtlos, wenn man sich entspannen *will*. Das ist ebenso unmöglich wie der Versuch, willentlich einzuschlafen. In beiden Fällen stört die Willensanstrengung, häufig wird man dadurch sogar noch verspannter. Die Entspannung kann nur indirekt herbeigeführt werden. Das gelingt meist am besten über den Körper. Da er in ständiger Wechselbeziehung mit dem seelisch-geistigen Bereich steht, teilt sich die einfacher realisierbare körperliche Entspannung über kurz oder lang automatisch den seelisch-nervösen Funktionen mit. Damit verbunden ist dann auch die angestrebte »Öffnung« des Unbewußten für positive Gedanken.

Das Entspannenwollen bleibt fruchtlos

Entspannung kann nur indirekt herbeigeführt werden

Zuerst müssen aber günstige Voraussetzungen zur Entspannung geschaffen werden. Dazu gehören insbesondere:

Voraussetzungen zur Entspanung

- Ruhiger Raum, möglichst ohne Telefon, Fax und Türglocke, der leicht abgedunkelt werden kann. Die Temperatur sollte bei ungefähr 21–22 °C liegen, in diesem Bereich fühlen sich die meisten Menschen am wohlsten.
- Bequeme Unterlage, auf der man sich lockern kann; sie darf aber nicht zu weich sein, sonst gerät der Körper in eine ungünstige Haltung und verspannt sich noch stärker. Geeignet ist zum Beispiel das Bett, ein bequemes Sofa, auf dem man sich ausstrecken kann, ein gemütlicher, möglichst individuell verstellbarer Sessel mit ausreichend hoher Rückenlehne, damit man den Kopf anlehnen kann, oder auch die Gymnastikmatte auf dem Boden. Jeder muß selbst die für ihn bequemste Unterlage herausfinden.
- Beengende, störende Kleidungsstücke, wie Krawatten, Hemdkragen, Gürtel, Büstenhalter, Mieder und andere, sollen geöffnet oder abgelegt werden, damit sie die Entspannung nicht beeinträchtigen. Auch die Schuhe zieht man besser aus, sie könnten

gleichfalls stören. Am besten übt man meist in einem bequemen Haus- oder Trainingsanzug.

- Individuell richtige Körperhaltung einnehmen, in der die Entspannung am besten gelingt. Ungeübte bevorzugen meist die flache Rückenlage, später kann man auch sitzend entspannen.
  In Rückenlage ruht der Kopf auf einem flachen Kissen, die Arme liegen mit den Handflächen nach unten leicht angewinkelt seitlich vom Körper, die Beine werden leicht gespreizt, die Fußspitzen fallen locker auseinander. Wenn in dieser Haltung Muskelverspannungen und Schmerzen in bestimmten Körperregionen (oft Nacken, Rücken) auftreten, unterpolstert man die betroffenen Gebiete mit Kissen, Decken, Nacken- und Knierollen, bis die Beschwerden verschwinden.

Warmes Bad

Wer nur schwer in tiefe Entspannung gelangt, kann vorher ein warmes Bad nehmen, dem beruhigende Zusätze (wie Baldrian, Melisse) zugefügt werden dürfen. Allerdings dürfen diese Bäder nicht täglich, schon gar nicht vor jeder der 2–3 Übungen am Tag, angewendet werden, das schadet der Haut und könnte auch Herz-Kreislauf-Störungen hervorrufen; allenfalls 3- bis 4mal wöchentlich darf man ein solches Bad durchführen.

Vorsicht bei Herz-Kreislauf-Störungen

Wer an Herz-Kreislauf-Störungen oder -Krankheiten leidet, darf warme Bäder nur mit fachlicher Zustimmung anwenden, denn sie könnten zu ernsten Beschwerden führen. Treten während des Bads Symptome auf, muß sofort abgebrochen und bis zur Besserung geruht werden, notfalls ruft man den Arzt. Auch bei Erkrankungen der Atmungsorgane ist Vorsicht geboten.

Sobald alle diese Grundbedingungen geschaffen sind, beginnt die eigentliche Entspannung. Dazu kann es

In bequemer Haltung geduldig auf die Entspannung warten

schon genügen, in der bequemen Körperhaltung einfach geduldig zu warten, bis sich die Entspannung von selbst einstellt.

Wichtig dabei ist aber, daß man nicht ständig bewußt

darauf achtet, ob man schon eine Wirkung spürt, das könnte die Entspannung be- oder verhindern. Daher empfiehlt sich diese Methode nur, wenn man wirklich geduldig und beharrlich warten kann.

Bei regelmäßigem Training tritt die Entspannung allmählich immer rascher ein, oft sogar bereits, wenn man sich zur Grundhaltung niederlegt.

Wer nicht so viel Geduld aufbringen kann, muß sich »irgendwie beschäftigen«, um Anspannung und Unruhe beim Warten zu verhindern. Dazu gibt es unzählige Möglichkeiten. Letztlich muß jeder selbst herausfinden, welche ihm am besten hilft.

Auf die Atmung achten

Oft bewährt es sich beispielsweise, in entspannter Haltung auf die Atmung zu achten (aber nie willentlich beeinflussen). Die Ruhe im Raum und die bequeme Körperhaltung führen meist dazu, daß die Atmung allmählich ruhiger und tiefer wird. Das nimmt man deutlich wahr, wenn man sich darauf konzentriert. In einer Art »Rückkopplung« führt die ruhigere Atmung dann von selbst zur allgemeinen tieferen Entspannung.

Die Wirkung verbessern

Verbessern kann man diese Wirkung noch, indem man eine Handfläche auf den Bauch (ungefähr über der Magengrube) legt, um jede Atembewegung zu spüren. Dabei entsteht auch Wärme im Bauchraum, die mit zur Entspannung beiträgt. Wer über ein gutes Vorstellungsvermögen verfügt, kann diese Wärme auch nur durch die Kraft der Gedanken herbeiführen. Das geht dann aber schon in das autogene Training (s. S. 57) über.

Alles ist richtig, was entspannend wirkt

Der Phantasie und Experimentierfreude sind bei den einfachen Entspannungsmethoden kaum Grenzen gesetzt. Alles ist richtig, was entspannend wirkt, und sei es bei kritischer Betrachtung noch so komisch. Es gibt zum Beispiel Menschen, denen die Vorstellung hilft, daß sie sich »träge wie ein Ölfleck auf dem Boden ausbreiten« oder sich wie ein »ausgelatschter, bequemer Schuh« fühlen.

Wenn nach einigen Versuchen die optimale Vor-

Optimale Vorstellung beibehalten

stellung gefunden wurde, sollte man möglichst dabei bleiben. Erst später, sobald die Entspannung gut beherrscht wird, kann bei Bedarf eine andere Vorstellung gebraucht werden.

Am Ende jeder Übung muß der Entspannungszustand wieder aufgehoben werden

Ganz wichtig ist noch, daß am Ende jeder Übung der Entspannungszustand wieder aufgehoben wird. Zwar drohen keine Gesundheitsschäden, wenn man das versäumt, oft bestehen dann aber noch stundenlang Müdigkeit, Mißempfindungen, Schwere und/oder Wärme in den Gliedern oder im ganzen Körper.

Zurücknahme

Die Zurücknahme ist denkbar einfach: Arme kräftig beugen und strecken, tief durchatmen, die Augen öffnen und noch ein wenig auf der Unterlage sitzen bleiben, ehe man aufsteht und in den Alltag zurückkehrt. Wer sich zu rasch erhebt, spürt oft ein unangenehmes Schwindelgefühl, oder es wird vorübergehend schwarz vor den Augen (insbesondere bei niedrigem Blutdruck), was schlimmstenfalls zu einem Unfall führen könnte.

Häufigkeit des Trainings

Wer ungeübt mit Entspannungsübungen beginnt, sollte 3mal, mindestens 2mal am Tag trainieren. Nur unter dieser Voraussetzung stellt sich die Entspannung immer schneller und tiefer ein. Viel später, wenn die entspannende Wirkung sofort beginnt, sobald man sich niederlegt, muß dieser Trainingsplan nicht mehr so streng eingehalten werden. Einmal am Tag sollte aber auch dann geübt werden, damit man die Fähigkeit zur raschen Tiefentspannung nicht teilweise wieder einbüßt. Wer bemerkt, daß die seltener geübte Entspannung wieder schwerer gelingt, kehrt sofort wieder zum üblichen Trainingsplan zurück.

Wichtig ist, daß man sich jederzeit und überall rasch entspannen kann

In der Regel ist es für Fortgeschrittene aber wichtiger als das tägliche Training, daß sie sich bei Bedarf jederzeit und überall rasch entspannen können, zum Beispiel beim akuten hohen Streß. So wird die Entspannung zur vielseitigen Lebenshilfe, auf die man meist nicht mehr verzichten möchte.

Vieles von dem, was hier zu den einfachen Entspannungsmethoden gesagt wurde, gilt sinngemäß auch für die systematischer aufgebauten Techniken, auf die wir jetzt gleich zu sprechen kommen.

Autogenes Training

Klassiker der Entspannungstechnik

Dieser Klassiker unter den Entspannungstechniken wird seit den 30er Jahren des 20. Jahrhunderts praktiziert. Die von dem Berliner Nervenarzt *Johannes Heinrich Schultz* (1884–1970) eingeführte Methode beruht auf Elementen der Hypnose, Psychoanalyse und des Yoga. Im deutschsprachigen Raum steht das Training (kurz AT genannt) an 1. Stelle aller Entspannungstechniken. Dementsprechend gibt es auch genügend Möglichkeiten, es unter fachlicher Anleitung korrekt zu erlernen. Kurse bieten zum Beispiel Krankenkassen und Volkshochschulen an, außerdem niedergelassene Mediziner und Psychotherapeuten.

J. H. Schultz

Wesentlicher Vorteil

Der wesentliche Vorteil von AT besteht im klaren, systematischen Aufbau. Das erleichtert das Erlernen der Methode, insbesondere aber auch das später notwendige selbständige Training.

Regelmäßiges Üben ist notwendig

Zu optimalen Ergebnissen gelangt man nur durch regelmäßiges Üben. Anfangs soll 2- bis 3mal am Tag trainiert werden, für Fortgeschrittene genügt einmal, besser zweimal täglich. Im Lauf der Zeit tritt der Entspannungszustand immer schneller ein, oft bereits bei der Vorbereitung auf das Training. Dann können die Übungen stark verkürzt werden.

AT-Oberstufe

Nach einiger Erfahrung mit der AT-Unterstufe kann die Oberstufe erlernt werden. Unter anderem fördert sie die Selbsterkenntnis und Lernprozesse, die das Verhalten günstig beeinflussen. Das geht aber bereits in Richtung Psychotherapie und erfordert stets fachliche Anleitung und Begleitung. Für das positive Denken muß die AT-Oberstufe nicht erlernt werden.

Die Grundvoraussetzungen der einfachen Entspannungsmethoden (s.S. 52) gelten sinngemäß auch beim

AT. Im Verlauf von 12 Wochen werden Schritt für Schritt die 6 Grundübungen erlernt. Es führte zu weit, das Training hier ausführlicher vorzustellen, dazu gibt es genügend Fachliteratur. Der folgende kurze Überblick mag genügen, um einen Eindruck vom Trainingsablauf zu vermitteln.

6 Grundübungen in 12 Wochen erlernen

Ruheformel

Ruheformel: Zu Beginn des Trainings und nach jeweils 6 Übungsvorstellungen wird die zielweisende Ruheformel »Ich bin ganz (vollkommen) ruhig« einmal intensiv vorgestellt. Damit ruft man sich gleichsam immer wieder in Erinnerung, daß Ruhe und Entspannung die Hauptziele des Trainings sind.

Armschwere

Durchführung

Armschwere: In den ersten beiden Wochen des AT übt man die Armschwere mit der Vorstellung *»Rechter Arm ganz schwer«* (Linkshänder: linker Arm) ein. Anfangs wird sie 18mal wiederholt, nach je 6 Übungsvorstellungen durch die Ruheformel unterbrochen; später genügt es meist, sie sich nur noch 6mal vorzustellen, bei weiter Fortgeschrittenen sogar nur einmal. Die Armschwere dehnt sich allmählich ohne zusätzliche Formeln auf den gesamten Körper aus und leitet die Tiefentspannung ein.

Armwärme

Armwärme: In den nächsten beiden Wochen wird sich Wärme im Arm vorgestellt. Die Vorstellung dazu lautet »Rechter Arm ganz warm« (Linkshänder: linker Arm). Auch wenn die Armschwere vielleicht noch nicht richtig spürbar wird, geht man zu dieser Übung weiter, denn einer der Vorteile des AT ist das systematische Training. Im Lauf der Zeit wird sich das Schweregefühl bei konsequenter Übung schließlich doch einstellen. Es kommt aber auch vor, daß die Armwärme sich bereits mit der Armschwere einstellt. Auch dann wird die Wärme im Arm 14 Tage lang mit obiger Vorstellung eingeprägt.

Durchführung

Zuerst stellt man sich die Ruheformel und dann 6mal die Armschwere vor. Dann folgt wieder die Ruheformel und anschließend 18mal die Wärmeformel, die nach je 6 Wiederholungen von der Ruheformel unterbrochen wird.

Herzübung

Herzübung: Viele Menschen messen dem Herzen eine besondere Bedeutung als »Gefühlsorgan« bei. Obwohl das objektiv nicht zutrifft, kann es doch dazu führen, daß diese Übung zu unangenehmen funktionellen Störungen (wie spürbarer Herzschlag) führt, die aber ungefährlich sind. Trotzdem läßt man bei solchen Beschwerden die Herzübung ausfallen oder trainiert sie nur nach fachlicher Anleitung. Meist gelingt sie aber problemlos.
Die Herzformel lautet *»Herz schlägt ruhig und regelmäßig«*, aber daran muß man sich nicht so strikt halten. Besonders wenn Herzbeschwerden auftreten, kann schon eine kleine Änderung der Vorstellung helfen, das muß unter fachlicher Kontrolle ausprobiert werden.

Durchführung

Man beginnt mit der Ruheformel, gefolgt von 6mal Armschwere, wieder Ruheformel, danach 6mal Armwärme, anschließend erneut die Ruheformel und dann 18mal die Herzübung, die nach je 6 Wiederholungen von der Ruheformel unterbrochen wird. Wenn die Herzübung nicht durchgeführt werden kann, beruhigt sich das Herz meist allein schon durch die allgemeine Entspannung.

Atemübung

Atemübung: Die Bedeutung der Atmung für innere Ruhe und Harmonie ist seit Jahrtausenden bekannt. Praktisch alle traditionellen Meditationsformen (wie Yoga) enthalten deshalb Atemübungen. Aber auch im Alltag erlebt man die beruhigende Wirkung einiger tiefer Atemzüge bei Ärger und ähnlichem Streß.
Im AT wird die Atmung ebenfalls zur Vertiefung der Entspannung genutzt. Zwar kann die Atemfrequenz und -tiefe (anders als beispielsweise die Herzfrequenz) auch willentlich bewußt gesteuert werden, aber gerade das soll beim AT nicht geschehen. Vielmehr muß sich die Atmung allein durch die Vorstellung *»Atmung ruhig und gleichmäßig«* allmählich beruhigen und vertiefen.
Um das zu betonen, wird vor und während der Atemübung nicht die übliche Ruheformel eingeschoben,

sondern die spezielle Formulierung »*Es atmet mich*«. Sie verdeutlicht besonders gut, daß man es aus sich heraus einfach atmen lassen soll.

Wer an organischen Erkrankungen der Atmungsorgane leidet, muß auf die Übung entweder verzichten oder sie unter fachlicher Aufsicht erlernen. Im Verlauf des Trainings wird die Atmung auch ohne gesonderte Übung allmählich ruhiger und tiefer.

Durchführung

Jetzt hat das AT schon einigen Umfang erreicht. Nach der einleitenden Ruheformel kommt 6mal die Armschwere, nach der nächsten Ruheformel 6mal die Armwärme und nach der erneuten Ruheformel 6mal die Herzübung. Dann beginnt die Atemübung mit der einleitenden Formel »Es atmet mich«, der 18mal die Vorstellung zur ruhigeren Atmung folgt, nach je 6mal unterbrochen durch »Es atmet mich« anstelle der sonst üblichen Ruheformel.

Bauchwärme

Bauchwärme: Mit dieser Übung soll vor allem der Solar plexus (= Sonnengeflecht), das größte Nervengeflecht des vegetativen Nervensystems in der Magengegend, beruhigt und harmonisiert werden. Das wirkt sich dann auch günstig auf den Spannungszustand aller Bauchorgane aus.

Zum Üben verwendet man die Vorstellung »*Bauch (Magengegend) strömend warm*«. Durch konsequentes Training stellt sich die wohlige Wärme im Leib immer deutlicher ein.

Durchführung

Das Training in der 9. und 10. Woche läuft also wie folgt ab: Einleitung mit der Ruheformel, 6mal Armschwere, wieder Ruheformel, 6mal Armwärme, erneut Ruheformel und 6mal Herzübung. Dann einmal »Es atmet mich«, 6mal Atemübung und die Ruheformel. Zum Schluß folgt 18mal die Bauchübung, nach jeweils 6 Wiederholungen von der Ruheformel unterbrochen.

Stirnkühle

Stirnkühle: Die Bedeutung dieser Übung kennt man umgangssprachlich gut, zum Beispiel die Empfehlung, in einer schwierigen Lage einen kühlen, klaren Kopf zu bewahren. Das wirkt tatsächlich entspannend und beruhigend. Die mit den anderen 5 Übungen bereits erzielte Entspannung wird damit abgerundet.

Die Vorstellung dazu lautet *»Stirn angenehm kühl«*. Keinesfalls darf man kühl durch kalt ersetzen, das könnte zu Kopfschmerzen, Migräneanfällen und Schwindel bis zur Ohnmacht führen.

Kühl nicht durch kalt ersetzen

Die in den letzten beiden Wochen mit der Stirnkühle abgeschlossene AT-Unterstufe beginnt mit der gewohnten Ruheformel, 6mal Armschwere, Ruheformel, 6mal Armwärme, Ruheformel und 6mal Herzübung. Anschließend stellt man sich einmal »Es atmet mich« und dann 6mal die Atemübung vor, gefolgt von der Ruheformel und 6mal Bauchübung. Nach erneuter Ruheformel wiederholt man 18mal die Stirnkühle, wobei nach jeweils 6 Vorstellungen die Ruheformel eingeschoben wird.

Durchführung

Wenn nach 2 Wochen die Stirnkühle gut realisiert werden kann, genügt es häufig, auch diese Formel nur noch 6mal zu wiederholen.

Zwar kennt man nach 12 Wochen die gesamte AT-Unterstufe, beherrscht sie aber noch lange nicht optimal. Das setzt voraus, daß weiterhin mindestens einmal täglich trainiert wird. Dann tritt die Entspannung allmählich immer schneller und tiefer ein.

Weiterhin mindestens einmal täglich trainieren

In dieser Phase kann das Training radikal verkürzt werden. Die Kurzformel zum Dauertraining muß nur noch einmal intensiv vorgestellt werden, damit tiefe Entspannung spürbar wird.

Verkürzung des Trainings

Nachdem die bequeme Grundhaltung eingenommen wurde, stellt man sich vor:

»Ruhe – Schwere – Wärme – Herz und Atmung ruhig und gleichmäßig – Bauch strömend warm – Stirn angenehm kühl.«

Damit kann praktisch überall ohne besondere Vorbereitung in bequemer Körperhaltung kurz entspannt werden, beispielsweise zur Erholung oder Einprägung positiver Gedanken. Das Unbewußte öffnet sich bei Geübten immer weit für die Vorstellungen des Trainings.

AT überall möglich

Mit positiven Gedanken beginnen, wenn Entspannung und innere Ruhe deutlich spürbar werden

Mit den positiven Gedanken muß man jedoch nicht warten, bis AT optimal gelingt. Vielmehr sollte man damit früher beginnen, sobald Entspannung und innere Ruhe deutlicher spürbar werden. Das kann bereits nach der Schwere und Wärme im Arm sein, aber auch erst nach der Herz- oder Atemübung, da reagiert jeder Mensch anders.

Nicht zu früh beginnen

Zu früh sollte man mit den positiven Gedanken aber nicht beginnen, sonst erlebt man anfangs Mißerfolge, die demotivieren können. Viele geben AT dann auf, obwohl sie es überhaupt noch nicht vollständig kennen.

> Sicher spricht autogenes Training mit seiner nüchternen, systematischen Struktur nicht jedermann an. Wer sich aber dafür entscheidet und die anfänglichen Widerstände und Probleme überwindet, erarbeitet sich damit eine ausgezeichnete praktische Lebenshilfe.

Progressive Muskelrelaxation

Im angloamerikanischen Sprachraum weit verbreitet

Im angloamerikanischen Sprachraum ist diese Entspannungstechnik ähnlich weit verbreitet wie autogenes Training im deutschsprachigen Raum. Entwickelt wurde sie in den 30er Jahren des 20. Jahrhunderts in den USA von Professor *Edmund Jacobson.* Inzwischen findet sie auch bei uns immer mehr Anhänger. Es fällt also nicht schwer, die Methode mit fachlicher Anleitung zu erlernen, unter anderem an Volkshochschulen.

Edmund Jacobson

Fortschreitende Muskelentspannung

Wie AT ist auch die progressive Muskelrelaxation (= fortschreitende Muskelentspannung) systematisch aufgebaut. Der wichtigste Unterschied zwischen beiden Methoden besteht darin, daß man die Entspannung beim autogenen Training durch Vorstellungen herbeiführt, während man sie bei der progressiven Muskelrelaxation bewußt erlebt. Dazu werden die

Unterschied zu AT

Muskelentspannung bewußt erleben

verschiedenen Muskelgruppen nacheinander willentlich kurz angespannt und dann wieder gelockert. Nach einigem Training spürt man immer deutlicher die damit verbundene Entspannung. Sie kann ähnlich tief werden wie beim AT.

Hilfe zur Selbstentspannung

Progressive Muskelrelaxation versteht sich ebenfalls als Hilfe zur Selbstentspannung. Notfalls kann man versuchen, die Technik mit Unterstützung einschlägiger Literatur selbständig zu erlernen. Besser ist es aber immer, an einem fachlich geleiteten Kurs teilzunehmen. Die Grundbedingungen zum Training entsprechen denen beim AT. Optimale Wirkungen erzielt man nur durch tägliches Training, wie es auch beim autogenen Training notwendig ist.

Durchführung

Bei der Übung konzentriert man sich stets auf die eine Muskelgruppe, an der man gerade arbeitet. Sie wird 5 Sekunden lang bewußt so fest wie möglich angespannt; dabei kann die Vorstellung helfen, daß die Muskeln fest und hart werden.

Dann lockert man sie plötzlich und achtet darauf, wie sie sich entspannen. Nach 30 Sekunden Entspannung der Muskelgruppe wiederholt man die Übung nochmals 5 Sekunden lang, wieder gefolgt von 30 Sekunden Entspannung. Oft hilft es, wenn man mit der Anspannung tief einatmet, bei der Muskelentspannung tief ausatmet.

Reihenfolge der Entspannung

In dieser Weise arbeitet man Schritt für Schritt alle wichtigen Muskelgruppen des gesamten Körpers durch. Das beginnt mit der Armmuskulatur und endet mit den Muskeln im Gesicht. Zuerst lockern sich die Hand- und Armmuskeln, dann die der Füße und Beine. Anschließend werden nacheinander die Brust-, Schulter-, Bauch-, Rücken- und Hals-Nacken-Muskelgruppen gezielt angespannt und wieder gelockert. Zuletzt löst sich die mimische Gesichtsmuskulatur. Diese Reihenfolge der Entspannung muß genau beachtet werden.

Nach der Gesichtsentspannung sind bei Geübten die Hauptmuskeln des Körpers gut entspannt. Das teilt sich allmählich automatisch auch den anderen Muskeln mit, die beim Training nicht gezielt gelockert wurden, so daß schließlich der gesamte Körper entspannt wird. Nun ist auch das Unbewußte aufnahmebereit für positive Gedanken.

Das Unbewußte ist aufnahmebereit für positive Gedanken

Nebenwirkungen

Beim Üben kann es im Einzelfall zu schmerzhaften Muskelverspannungen kommen, die sich nicht spontan wieder lösen. Dann sollte auf das Training verzichtet werden, bis die Ursachen (wie Kalzium-, Magnesiummangel) fachlich diagnostiziert und behandelt wurden. Als Alternative kann während dieser Zeit das autogene Training zur Tiefentspannung angewendet werden.

Selbsthypnose – Meditation

Meditation

Wenn heutzutage von *Meditation* die Rede ist, sind damit immer Techniken aus fremden Kulturkreisen gemeint. Zwar waren Meditationsübungen ab dem Mittelalter auch bei uns gebräuchlich, mittlerweile sind sie aber bedeutungslos geworden. Der »Reiz des Exotischen« bei Yoga, transzendentaler Meditation oder ZEN erfüllt Bedürfnisse des heutigen Menschen, die von den mittelalterlichen Übungen nicht befriedigt werden könnten.

Asiatische Techniken erfüllen Bedürfnisse besser

Mit jeder Meditationstechnik kann man nach einigem Training in tiefe Entspannung eintauchen und das Unbewußte für positive Gedanken öffnen. Aber darin besteht nicht der eigentliche Zweck der Versenkung.

Meditation ist eine Wende im gewohnten Leben

Vielmehr bedeutet Meditation, wenn sie ernsthaft betrieben wird, eine Wende im gewohnten Leben. Wer sich wirklich darauf einläßt, gewinnt vertiefte Selbsterkenntnisse, öffnet das Bewußtsein für Erfahrungen jenseits von Vernunft und Logik, definiert Wertmaßstäbe und Ziele neu. Damit weicht man in wesentlichen Punkten von dem ab, was in der modernen Industriegesellschaft üblich ist.

Positive Änderung des Denkens

Alle diese Veränderungen bedeuten bereits eine als positiv empfundene Änderung des Denkens. Deshalb müssen die positiven Gedanken genaugenommen nicht mehr gesondert eingeübt werden.
Allerdings will nicht jeder, der mit Meditation beginnt, so tiefgreifende Veränderungen in seinem Leben zulassen. Für diese Menschen bedeutet Meditation lediglich die tiefe körperliche und seelisch-geistige Entspannung.
Wer, aus welchen Gründen auch immer, einer Meditationstechnik den Vorrang vor autogenem Training oder progressiver Muskelrelaxation gibt, kann die Übungen mit positivem Denktraining verknüpfen. Es fällt aber schwer, sich den umfassenden Wirkungen der Meditation gänzlich zu entziehen. Letztlich muß jeder selbst für sich entscheiden, auf welche Weise er zur Entspannung gelangen möchte.

Immer bei einem seriösen Lehrer erlernen

Die Meditation soll immer bei einem seriösen Lehrer erlernt werden, zum Beispiel in Kursen der Volkshochschulen oder mancher Krankenkassen. Nur dann ist so gut wie möglich gewährleistet, daß das Training positiv wirkt. Erlernt man Meditation selbständig, besteht hingegen immer das Risiko, daß Fehler unterlaufen, die den Erfolg in Frage stellen, womöglich gar verhindern oder psychische Schäden hinterlassen.

Vorsicht vor Gurus

Noch gravierendere Folgen kann es aber nach sich ziehen, wenn man einem unseriösen »Guru« in die Hände fällt. Solchen Scharlatanen liegt wenig am seelisch-geistigen Wohl ihrer Schüler, in erster Linie geht es ihnen um Macht und Geld. In der Regel kann man davon ausgehen, daß an Volkshochschulen und bei Kursen von Krankenversicherungen nur seriöse Fachleute am Werk sind.
Welche Meditationstechnik man wählt, richtet sich hauptsächlich nach den persönlichen Vorlieben. Nur wenn man mit ihr einverstanden, von ihr überzeugt ist, entfaltet sie voll ihre positiven Wirkungen. Deshalb kann es sinnvoll sein, zunächst einige »Schnup-

Schnupperkurse

perkurse« mit verschiedenen Methoden zu absolvieren, ehe man sich für eine bevorzugte entscheidet.

Ernsthaft betriebene Meditation ist eine Lebensaufgabe

Von Anfang an muß man sich klar vor Augen halten, daß ernsthaft betriebene Meditation eine Lebensaufgabe ist. Zwar kann man immer nach Höherem streben, wird es aber auch nach vielen Jahren nie völlig erreichen. Der Weg dahin bleibt das Ziel jeder Meditation.

Hypnose ist eine eigenständige Therapie

Die *Hypnose* beruht teilweise auch auf Erfahrungen mit alten Meditationstechniken, entwickelte sich aber zu einer eigenständigen Therapie weiter. Im 19. Jahrhundert erlebte sie vor allem in Frankreich eine Blütezeit. Danach geriet sie aber immer mehr ins Abseits, nicht zuletzt unter dem Einfluß von Freuds Psychoanalyse. Im 20. Jahrhundert drohte sie sogar völlig in Vergessenheit zu geraten. Erst um 1960 entdeckten amerikanische Therapeuten sie neu. Seither gewinnt sie auch bei uns wieder an Boden. Dazu trägt auch die wissenschaftliche Erforschung der Hypnose bei, die sie als seriöses, bei richtiger Anwendung hochwirksames Verfahren bestätigt.

Showhypnosen

Mit den Showhypnosen, die man gelegentlich im Varieté oder Fernsehen miterleben kann, hat die therapeutische Hypnose fast nur noch den Namen gemeinsam. Niemand muß befürchten, bei einer Hypnosesitzung lächerlich gemacht oder bloßgestellt zu werden und sinnlose Befehle zu befolgen, wie es in Shows zur Regel gehört.

Der Begründer des autogenen Trainings (s. S. 57), Professor Schultz, baute die Entspannungstechnik unter anderem auf seinen Erfahrungen an einem Berliner Hypnose-Ambulatorium auf. Offenbar kam ihm nie der Gedanke, daß auch die Hypnose selbst zur Entspannung und Selbstbeeinflussung von Nichtmedizinern angewendet werden könnte.

Man benötigt keine besonderen Fähigkeiten

Die praktische Erfahrung der letzten Jahrzehnte lehrt indes, daß man über keine besonderen Fähigkeiten verfügen muß, um sich selbst in Trance zu versetzen. Wie bei allen Entspannungsmethoden ist auch dazu nur die richtige Technik und konsequentes Training erforderlich. Zwar werden die meisten Menschen keine so tiefe Hypnose erleben, wie sie vom Therapeuten in der Praxis herbeigeführt werden kann, aber das ist zur Entspannung und für positives Denken auch nicht erforderlich.

Richtige Technik und konsequentes Training

Ein besonderer Vorteil der Selbsthypnose besteht darin, daß sich das Unbewußte in der Trance besonders weit für Autosuggestionen öffnet. Wer über genügend Erfahrung mit der Methode verfügt, erzielt zum Teil bessere Ergebnisse als mit anderen Entspannungstechniken.

Vorteil der Selbsthypnose

Selbsthypnose soll immer beim Therapeuten erlernt werden, denn Fehler könnten unangenehme Folgen nach sich ziehen. Eine Möglichkeit besteht darin, die Technik ähnlich wie autogenes Training im Einzel- oder Gruppenkurs einzuüben. Die »elegantere« Variante beginnt mit Fremdhypnose, in der dann gezielt zur Selbsthypnose angeleitet wird.

Immer beim Therapeuten erlernen

Mit Fremdhypnose beginnen

Das bedeutet, anfangs wird die Trance durch entsprechende Suggestionen vom Therapeuten herbeigeführt. Damit verbunden ist die gezielte Anleitung zur Selbsthypnose, am besten gleich ergänzt durch ausreichende Motivierung zum regelmäßigen Training. Nach einigen Hypnosesitzungen hat sich der Ablauf der Selbsthypnose meist so tief dem Unbewußten eingeprägt, daß man ohne Risiko selbständig weiterüben kann.

Gezielte Anleitung

Letztlich hängt es immer vom Wissen, Können und der Erfahrung des Therapeuten ab, nach welcher Methode man die Selbsthypnose lernt. Um zu verhüten, daß man in falsche Hände gerät, darf die Methode nur bei speziell ausgebildeten Ärzten, Heilpraktikern und psychotherapeutischen Berufen eingeübt werden.

Wer die Selbsthypnose gut beherrscht, kann positive Gedanken einprägen. Sie werden wie Suggestionen eines Therapeuten vom Unbewußten aufgenommen, das nicht zwischen Fremd- und Selbsthypnose unter-

Positive Gedanken einprägen

Selbsthypnose kann positives Denken besonders gut fördern

scheidet. Daher kann die Selbsthypnose das positive Denken besonders gut fördern. Wer mit Hypnose freilich Vorstellungen von mystischen und okkulten Praktiken verbindet, wird damit kaum zum Ziel gelangen. Er sollte eine andere Entspannungs- und Autosuggestionstechnik bevorzugen.

Positive Gedanken erarbeiten

Kaum jemand denkt immer nur negativ

Kaum jemand denkt immer nur negativ. Vermutlich kommen den meisten Menschen die positiven Gedanken sogar ähnlich oft wie die negativen.

Problem beim negativen Denken

Das Problem beim negativen Denken besteht unter anderem darin, daß die positiven Denkinhalte herausgefiltert und die negativen überbetont werden. Die Ursachen dafür (s. S. 33 ff.) sind teilweise in der Entwicklung der Persönlichkeit zu suchen.

Grundsätzlich wäre es also möglich, nur die Filtereinstellungen abzuändern, damit positive Gedanken wieder zugelassen werden. Das kann tatsächlich gelingen, aber zwei wesentliche Nachteile besitzt diese Methode doch:

- Positive Gedanken tauchen nicht immer dann spontan auf, wenn sie aktuell notwendig sind.
- Außerdem beziehen sie sich nicht unbedingt auf das, was im Augenblick durch positives Denken bewältigt werden muß.

Von spontanen positiven Gedanken unabhängiger werden

Aus diesen Gründen empfiehlt es sich, von spontanen positiven Gedanken unabhängiger zu werden (das bedeutet jedoch nicht, daß man sie mißachten soll, wenn sie einmal zum richtigen Zeitpunkt greifbar sind). Aber das gelingt nur, indem man lernt, nach Bedarf zielgerichtete positive Gedanken zu erarbeiten.

Zielgerichtete positive Gedanken nach Bedarf erarbeiten

Und das setzt wiederum voraus, daß man diese Fähigkeit regelmäßig übt.

Um den positiven Gedanken ihr Ziel zu weisen, muß

ein anstehendes Problem zunächst gründlich analysiert werden. Ferner sind tragfähige Motive erforderlich, die so stark sind, daß sie durch auftretende Schwierigkeiten nicht ins Wanken gebracht werden. Schließlich geht es darum, die nüchternen Gedanken in möglichst bildhafte Vorstellungen zu verpacken und dann dem Unbewußten einzuprägen. Das mag auf den ersten Blick anspruchsvoll klingen, stellt aber kein unüberwindliches Hindernis dar.

Probleme zunächst gründlich analysieren

Starke tragfähige Motive

Bildhafte Vorstellungen

Problemanalyse zu Anfang

Positives Denken soll zur dauernden Lebensgrundeinstellung eines Menschen werden, unabhängig von seiner aktuellen Problem- und Konfliktsituation. Viele Schwierigkeiten des Alltags lassen sich dann von vornherein verhüten oder frühzeitig beseitigen, ehe sie zur ernsthaften Belastung eskalieren.

Positives Denken als dauernde Lebensgrundeinstellung

Auf längere Sicht gelingt es aber schwerlich, alle problematischen Lebensumstände durch positive Gedanken zu vermeiden. Dann wird es erforderlich, das anstehende Problem mit seinen verschiedenen Aspekten zu erkennen und gründlich zu analysieren. Erst danach können zielgerichtete positive Gedanken dagegen entwickelt werden.

Nicht alle problematischen Lebensumstände können durch positive Gedanken vermieden werden

Patentrezepte zur Analyse von Problemen und Konflikten kann es nicht geben. Jeder geht individuell anders an diese Aufgabe heran, jedes Problem erfordert seine spezifische Form der Be- und Verarbeitung. Es gibt lediglich einige Grundregeln, die zur Problemanalyse meist nützlich sind:

Grundregeln zur Problemanalyse

- Zunächst muß das Problem mit all seinen Aspekten ganz klar bewußt gemacht werden. Nur dann kann man zuverlässig bewerten, welchen Stellenwert es besitzt, welche Folgen sich daraus ergeben können und welche Lösungsansätze bestehen.
- Der 2. Schritt baut auf diesem verbesserten Problembewußtsein auf und analysiert die Ursachen.

Teils erkennt man auf Anhieb, wie ein Problem entstand. Viele Schwierigkeiten stehen allerdings auch mit unbewußten Einflüssen in Beziehung, zum Beispiel verdrängte Erfahrungen in der Kindheit und Jugend, die der Ursachenforschung nicht mehr direkt zugänglich sind. Zum Teil werden solche verdrängte Faktoren wieder von selbst bewußt, während man ein Problem analysiert, nicht selten findet man aber keinen Zugang mehr.

Positive Gedanken können sich auch gegen verdrängte Inhalte des Unbewußten durchsetzen

Das ist auch nicht unbedingt erforderlich, um positives Denken zu erlernen. Die positiven Gedanken können sich auch gegen verdrängte Inhalte des Unbewußten durchsetzen. Unter Umständen erzeugen diese aber erhebliche Widerstände gegen das positive Denken. Dann kann es notwendig werden, sie im Rahmen einer Psychotherapie aufzuarbeiten, damit der Weg für positive Gedanken frei wird.

Wie wirkt ein Problem auf die persönliche Lebenssituation?

Schließlich sollen die Auswirkungen eines Problems auf die persönliche Lebenssituation abgeklärt werden. Auch das trägt zum besseren Problembewußtsein bei und zeigt Ansätze für positive Gedanken auf.

Positives Denken kann sowohl gegen die Ursachen als auch die Folgen der Probleme gerichtet werden

Es ist beispielsweise möglich, das positive Denken nicht nur gegen die Ursachen der Probleme zu richten, sondern zugleich auch gegen deren Folgen. Auf diese Weise erzielt man oft rascher bessere Ergebnisse. Vorsicht ist geboten, wenn man sich die schlimmsten Konsequenzen aus einer problematischen Situation vorstellt. Das muß nicht realistisch sein, häufig steht dahinter der Einfluß negativer Gedanken.

Solche auffällig düsteren Prognosen sollten deshalb besonders selbstkritisch unter die Lupe genommen und möglichst auch mit vertrauten Personen besprochen werden, die objektiver urteilen können.

Auf die Problemanalyse sollte man viel Sorgfalt verwenden. Davon hängen alle weiteren Schritte maßgeblich ab. Wenn eine Analyse zutrifft, spürt man oft innere Befriedigung, die Situation ist verständlich geworden, und es bleiben keine Fragen mehr offen. Auf solche Empfindungen kann man im allgemeinen vertrauen und die Problemanalyse dann abschließen. Das gilt aber auch umgekehrt: Wenn man mit der Analyse eines Problems unzufrieden ist, immer noch nicht richtig versteht, dann wurde es meist noch nicht vollständig erfaßt. In diesem Fall muß die Analyse fortgesetzt werden.

Innere Befriedigung bei zutreffender Analyse

Wenn gleichzeitig mehrere Probleme anstehen, empfiehlt es sich grundsätzlich nicht, sie alle in einem Zug analysieren und durch positive Gedanken lösen zu wollen. Nur ausnahmsweise führt das zu befriedigenden Resultaten. Meist verzettelt man sich dabei, keines der Probleme wird richtig erfaßt, und die positiven Gedanken wirken allenfalls unzulänglich.

Mehrere Probleme nicht gleichzeitig analysieren

Am besten konzentriert man sich zunächst auf das wichtigste Problem. Um dieses zu erkennen, müssen die verschiedenen Schwierigkeiten nach Prioritäten geordnet werden. Dazu bewährt es sich oft, eine Liste der Probleme anzulegen. Dann notiert man zu jedem, welche Rolle es aktuell im Leben spielt und wie schwerwiegend seine Folgen sich auswirken. Anschließend können alle anstehenden Schwierigkeiten recht zuverlässig nach ihrer Bedeutung geordnet werden.

Zunächst auf das wichtigste Problem konzentrieren

Liste der Probleme anlegen

An 1. Stelle steht immer das Problem, das im Augenblick den meisten Einfluß nimmt und zu den gravierendsten Folgen führen kann. Darauf konzentriert sich das positive Denken.

Problem mit dem größten Einfluß und den gravierendsten Folgen

Erst wenn befriedigende Lösungen gefunden wurden, geht man zum nächsten Problem der Prioritätenliste weiter. So wird sie nach und nach abgearbeitet. Nicht selten erlebt man dabei, daß während der Bearbeitung die eine oder andere nicht so wichtige Schwierigkeit sich von selbst erledigte. Dafür können dann andere Probleme hinzugekommen sein, denen man wieder eine Priorität zuteilen muß.

Versuchsweise kann man zwei Probleme gleicher Prio-

Eventuell zwei Probleme gleicher Priorität gemeinsam verarbeiten

rität gemeinsam verarbeiten. Zum Teil gelingt das zufriedenstellend. Nach Möglichkeit formuliert man dann aber nicht für jede der beiden Schwierigkeiten eine eigene Vorstellung, sondern sollte versuchen, sie in einem einzigen positiven Gedanken zu erfassen (das ist aber nicht immer möglich).

Drei und mehr Probleme lassen sich kaum noch gleichzeitig bearbeiten. Ausnahmsweise kann aber – am besten mit fachlicher Hilfe – einmal ausprobiert werden, ob sich mehr als zwei Problem- und Konfliktsituationen zusammen bewältigen lassen. Am ehesten könnte das gelingen, wenn man mit einem einzigen positiven Gedanken alle anstehenden Schwierigkeiten erfaßt.

Generalformeln beeinflussen das Seelenleben insgesamt

Dazu eignen sich auch Generalformeln. Sie sprechen nicht gezielt jedes einzelne Problem an, sondern beeinflussen das Seelenleben insgesamt so, daß es mit den verschiedenen ungünstigen Situationen aus eigener Kraft fertig werden kann. Auch zur Formulierung solcher Vorstellungen benötigt man meist fachliche Anleitung.

Tragfähige Motive

Die Mehrzahl der Menschen neigt mehr oder minder ausgeprägt dazu, sich nur dann einer besonderen Belastung zu stellen, wenn es dafür ein wichtiges Motiv gibt.

Problem- und Konfliktbewältigung beansprucht erheblich

Die Arbeit an Problem- und Konfliktsituationen bedeutet häufig eine erhebliche Beanspruchung. Deshalb muß dafür ein Motiv gefunden werden, das stark genug ist, über Trägheit und innere Widerstände hinwegzuhelfen.

Keine einfachen Lösungen zur Motivation

Häufig wiederkehrende Motive

Auch zur Motivation kann es keine einfachen Patentlösungen geben. Letztlich muß jeder aus seiner Lebenssituation, seinen Bedürfnissen und Zielen das individuell geeignete Motiv entwickeln. Allerdings gibt es einige Motive, die häufig wiederkehren und tragfähig genug sind. Dazu gehören vor allem:

- Bessere Gesundheit mit Hilfe von Vorstellungen, die unter anderem schädliche Gewohnheiten (wie Rauchen) verhindern.
- Innere Ruhe und Harmonie, die sich durch alle positiven Gedanken einstellen können.
- Aufbau und Pflege guter sozialer Beziehungen, die unter anderem durch Verhaltensänderungen gefördert werden.
- Berufliche Erfolgserlebnisse, die sich vermehrt einstellen können, wenn Leistungsfähigkeit und -bereitschaft gezielt durch Vorstellungen gesteigert werden.
- Richtiger Umgang mit dem unvermeidlichen Streß, damit er zur kreativen Lösung von Aufgaben genutzt werden kann.

Eines (oder mehrere) dieser Ziele wird wohl die meisten Menschen ausreichend zum positiven Denken motivieren. Damit schaffen sie dann wesentliche Grundvoraussetzungen, um solche Ziele zu realisieren.

Ideal wäre ein individuell genau passendes Motiv

Ideal wäre es natürlich, ein individuell genau passendes Motiv zu finden, das im allgemeinen am nachhaltigsten wirkt. Wer solche Motive aber nicht bei sich erkennt oder sich nicht zwischen mehreren gleichwertigen entscheiden kann, sollte zunächst auf eines der obigen »Universalmotive« zurückgreifen, um mit dem positiven Denken beginnen zu können. Später, nach einiger Übung, werden sich individuellere Motive erfahrungsgemäß meist von selbst einstellen.

Es finden sich immer wieder neue Motive für das positive Denktraining

Da die Zahl unserer Bedürfnisse, Wünsche und Ziele nahezu unbegrenzt ist, finden sich auch immer wieder neue Motive für das fortgesetzte positive Denktraining. Das ist auch sehr wichtig, denn nur bei ständiger Übung kann man positive Gedanken bei Bedarf rasch aktivieren, um eine unerwartete aktuelle Problem- und Konfliktsituation leichter und zielgerichtet zu bewältigen.

Bildhafte Vorstellungen entwickeln

Positive Gedanken ins Unbewußte einprägen

Positive Gedanken wirken am stärksten, wenn sie tief dem Unbewußten eingeprägt werden. Zwar erreicht man den unbewußten Bereich des Seelenlebens auch durch Worte, aber seine eigentliche »Sprache« sind die Bilder. Das erleben wir alle Nacht für Nacht im

Traumschlaf

Traumschlaf, bei dem unbewußte Inhalte bildhaft auftauchen.

> Diese Tatsache soll auch zum positiven Denken so gut wie möglich genutzt werden, indem man sich Erwartungen, Vorstellungen und ähnliche positive Inhalte bildhaft einprägt.

Fähigkeit zu bildhaften Vorstellungen

Die Fähigkeit, bildhafte Vorstellungen zu entwickeln, fällt individuell sehr unterschiedlich aus. Manche Menschen können mühelos bildlich »denken«, sind zunächst also im Vorteil. Aber auch die anderen, die zum nüchtern-verbalen Denken neigen, müssen auf das positive Denken nicht verzichten. Innerhalb bestimmter Grenzen ist es nämlich möglich, auch das bildhafte Vorstellungsvermögen zu trainieren, wie die folgenden Beispiele veranschaulichen. Das hilft dann nicht nur beim positiven Denken, sondern ganz allgemein im Alltag.

Übungen zum positiven Gedankentraining

Wenn solche Übungen mit positivem Gedankentraining verbunden sind, stehen sie immer am Anfang, also noch vor der Entspannungstechnik. Sie können sogar die Entspannung erleichtern und vertiefen. Die Übungen sind so angelegt, daß es genügt, nur eine zu verwenden. Dann müssen aber immer wieder neue Objekte, Situationen und Sachverhalte vorgestellt werden.

Man kann allerdings auch mit einer Übung trainieren, bis man sie gut beherrscht, und danach eine andere auswählen, damit das Training anspruchsvoller und abwechslungsreicher gestaltet wird. Nichts spricht dagegen, nach dem Muster der folgenden Beispiele selbst neue Übungen zu kreieren.

Neue Übungen erfinden

Übung 1

Vor einen Tisch setzen, auf den ein beliebiger Gegenstand gelegt wird, den man 2 Minuten lang intensiv betrachtet, damit er sich einprägt.
Dann die Augen schließen und sich den Gegenstand 30 Sekunden lang bildhaft vorstellen.
Anschließend die Augen wieder öffnen und den Gegenstand aus der Erinnerung so präzise wie möglich nachzeichnen.
Wenn man diese Zeichnung mit dem Objekt vergleicht, werden anfangs meist noch viele Details fehlen. Mit zunehmender Übung entspricht die Darstellung aber immer genauer dem Gegenstand. Dann muß ein neues Objekt verwendet werden, oder man geht zu einer anderen Übung weiter.

Übung 2

Vor einen Tisch setzen, auf dem in etwa 1 Meter Entfernung eine brennende Kerze steht. Deren Flamme soll sich ungefähr in Augenhöhe befinden. Damit sie ruhig brennt, schützt man sie vor Zugluft und putzt bei Bedarf den Docht.
Die Flamme wird 1 Minute lang konzentriert beobachtet. Danach schließt man die Augen und entwikkelt innerlich ein möglichst detailgetreues Bild der Kerzenflamme, das etwa 30 Sekunden lang festgehalten werden soll. Anschließend werden die Augen wieder geöffnet, und man vergleicht die Vorstellung mit der Flamme.
Sobald das gut gelingt, steigert man die innere Betrachtung allmählich auf bis zu 5 Minuten. Wenn das Bild der ruhig brennenden Kerzenflamme so lange vor dem inneren Auge wahrgenommen werden kann, muß eine andere Übung gewählt werden.
Da diese Übung jedoch zu den wirksamsten gehört, sollte man ab und zu immer wieder für einige Zeit

damit trainieren. Bei Geübten kann diese Vorstellung allein bereits die allgemeine Entspannung einleiten.

Übung 3
Bequem in einen Sessel setzen und zur inneren Sammlung kurz die Augen schließen. Dann öffnet man sie wieder für etwa 30 Sekunden und prägt sich ein Objekt in 2–3 m Entfernung konzentriert mit möglichst vielen Einzelheiten ein, zum Beispiel das Muster einer Tapete.
Danach schließt man die Augen wieder und erinnert sich an den Gegenstand so deutlich und detailgenau wie möglich, damit er ganz klar vor dem inneren Auge auftaucht. Wenn das innere Bild vollständig und deutlich entstanden ist, öffnet man die Augen wieder und vergleicht die Vorstellung mit dem realen Objekt.
Bei jeder Übung wird diese Vorstellung 5mal hintereinander mit demselben Objekt realisiert. Über kurz oder lang kann das innere Bild nicht mehr deutlicher ausfallen. Nun ist es an der Zeit, mit einem neuen Objekt das Training fortzusetzen oder zu einer anderen Übung überzugehen.

Übung 4

Anspruchsvollste Übung

Diese anspruchsvollste der 4 Übungen darf erst versucht werden, wenn man die anderen Übungen gut beherrscht. Man verwendet dazu beliebige abstrakte Begriffe, die positiv besetzt sind, wie Liebe, Glück, Frieden und Gerechtigkeit.
Dazu stellt man sich konkret vor, wie sich das im täglichen Leben auswirkt. Zunächst tauchen wohl nur wenige Bilder auf, mit etwas Übung werden es aber immer mehr. Bei besonders gutem Vorstellungsvermögen können so viele bildhafte Vorstellungen entstehen, daß sie wie ein Film vor dem inneren Auge ablaufen. Sobald zu einem Begriff keine neuen Einfälle mehr auftauchen, wählt man einen anderen, um das Training fortzusetzen.

Diese Übung, die nicht allein das Vorstellungsvermögen, sondern auch die Denkfähigkeit und Kreativität fördert und indirekt das Seelenleben günstig beeinflußt, kann mit immer neuen Begriffen dauernd beibehalten werden.

Fördert auch Denkfähigkeit und Kreativität

Wenn die Fähigkeit, bildhafte und positive Gedanken zu entwickeln, konsequent trainiert wird, gelingt es im Lauf der Zeit immer leichter und besser, beim positiven Denken geeignete Bilder einzuprägen. Dazu sollten die folgenden Grundregeln beachtet werden:

Grundregeln zum Einprägen der Bilder

- Zuerst wird eine positive Vorstellung so präzis wie möglich nur in Worten ausgedrückt. Erst danach entwickelt man dazu zielgerichtete bildhafte Vorstellungen. Sobald man mit ihnen ganz zufrieden ist, werden sie dem Unbewußten eingeprägt. Andernfalls muß an den Bildern weiter gefeilt werden, bis man uneingeschränkt dahinter stehen kann. Es nützt wenig, eine »unausgegorene« Vorstellung zu verwenden, die wenig bewirkt, wohl aber frustriert und deshalb nicht selten zum Abbruch des Trainings führt.
- Die Formulierungen sollen möglichst kurz bleiben, dann prägen sie sich meist am besten ein. Wenn die ersten Gedanken noch zu umfangreich sind, bearbeitet man sie weiter, bis eine kürzere Formel entsteht. Sie muß aber immer noch alles ausdrücken, was erreicht werden soll
- Sollen ausnahmsweise einmal zwei Probleme gleichzeitig angegangen werden, bewährt es sich oft, die dazu notwendigen Vorstellungen in einer Generalformel miteinander zu verknüpfen, wenn möglich in Reimform, damit spricht man das Unbewußte meist am besten an.
- Die Vorstellungen müssen einer Realitätskontrolle standhalten, das heißt, ihre Ziele müssen im Bereich des Möglichen liegen. Wer zum Beispiel völlig unmusikalisch ist, mag sich noch so lang positiv beeinflussen, er wird es nie zum Konzertvirtuosen

bringen, weil dazu Talent und andere Voraussetzungen fehlen. Deshalb beschränken sich die positiven Gedanken auf das, was man beispielsweise auf Grund von Fähigkeiten, Begabungen und Ausbildungen tatsächlich zu erreichen vermag. Letztlich bedeutet positives Denken ja immer auch Selbstverwirklichung, beruht also auf dem, was vorhanden ist, und jagt keinen Hirngespinsten nach.

»Verschüttete« Fähigkeiten können wieder gefördert werden

Allerdings ist es durchaus möglich, daß Talente und Fähigkeiten, die »verschüttet« waren, durch positives Denken wieder gefördert werden. Dann erreicht man unter Umständen doch Ziele, die zunächst unrealistisch erschienen. Das läßt sich immer nur im konkreten Einzelfall beurteilen.

Man darf nicht zu früh aufgeben

Unrealistische Ziele vermeiden

Einfacher ausgedrückt: Man darf sich nicht zu wenig zutrauen, nicht zu früh aufgeben, sich aber auch nicht auf unrealistische Ziele versteifen und daneben alle realistischen Chancen versäumen. Das ist leichter gesagt als getan, unter Umständen benötigt man dafür fachliche Beratung.

Positive Generalformeln – Couéismus

Jedes Problem soll mit einer positiven Vorstellung angesprochen werden

Grundsätzlich gilt, daß jedes Problem mit einer spezifischen positiven Vorstellung gezielt angesprochen werden soll. Aber das gelingt nicht immer. So gibt es zum Beispiel Problem- und Konfliktsituationen, die sich nicht präzise genug einkreisen lassen, um eine spezielle Formulierung zu finden.

Umfassende Generalformel

Auch wenn gleichzeitig mehr als ein Problem bearbeitet werden soll, läßt sich oft keine spezifische Vorstellung entwickeln, man muß auf eine umfassendere Generalformel zurückgreifen. Ein solcher positiver Gedanke soll möglichst alles erfassen, was positiv beeinflußt werden kann.

Die Generalformeln können frei gestaltet werden, damit sie sich wenigstens teilweise noch den individuellen Schwierigkeiten anpassen. Alternativ kann man auf die beiden Generalformeln (hier in modifizierter Form genannt) des französischen Apothekers und Psychotherapeuten Emile Coué (1857–1926) zurückgreifen. Die erste lautet:

Emile Coué

»Von Tag zu Tag, in jeder Hinsicht, geht es mir besser und besser.«

»Von Tag zu Tag, in jeder Hinsicht, geht es mir besser und besser«

Mit dieser allgemeinen Formulierung aktiviert man die körperlichen und seelisch-geistigen Selbstheilungsregulationen. Mit deren Hilfe lassen sich die verschiedensten Probleme aus eigener Kraft überwinden. Die 2. Generalformel Coués besagt:

»Alles Unangenehme, das geht vorbei, das geht vorbei.«

»Alles Unangenehme, das geht vorbei, das geht vorbei«

Diese positive Vorstellung hilft vor allem, über aktuelle Schwierigkeiten leichter hinwegzukommen, und verhindert, daß die Probleme chronisch werden. Auch diese Formulierung wird bewußt sehr allgemein gehalten, damit möglichst viele als negativ empfundene Situationen erfaßt werden.

In dieser Verallgemeinerung liegt eine Stärke der unspezifischen positiven Selbstbeeinflussung. Zugleich bedeutet das aber auch eine Schwäche, weil nicht auf die individuell unterschiedlichen Bedürfnisse eingegangen werden kann.

Die Stärke der unspezifischen positiven Selbstbeeinflussung liegt in der Verallgemeinerung

Wer für seine Problem- und Konfliktsituation eine zielgerichtete spezifische Vorstellung findet, sollte diese unbedingt verwenden, keine Generalformel. Nur wenn es nicht gelingt, eine solche Formulierung zu erarbeiten, sind die Generalformeln als Notlösung geeignet und können einigermaßen zufriedenstellend wirken.

Generalformeln als Notlösung

Kritiker wenden gegen Coués Generalformeln unter anderem ein, daß man dadurch zum »eingebildeten Gesunden« werden könnte, Krankheiten also unnötig lang verschleppt, bis vielleicht überhaupt keine Therapie mehr möglich ist. Aber diese Gefahr besteht nicht nur beim Couéismus, sondern bei jeder Form der Selbsthilfe. Durch das richtige Verhalten (s. S. 86)

Kritik an Coué

läßt sich dieses Risiko auf ein vertretbares Maß reduzieren.
Anfang des 20. Jahrhunderts fand der Couéismus weltweit zahlreiche begeisterte Anhänger. Später versank er fast in der Bedeutungslosigkeit, aber neuerdings wird wieder mehr Literatur dazu angeboten*. Zum Teil kann man die Technik auch schon wieder in Kursen unter fachlicher Anleitung erlernen. Wer die Gelegenheit findet, an einem solchen Kurs teilzunehmen, sollte sie möglichst wahrnehmen, damit die Methode korrekt erlernt wird.

Einprägung positiver Gedanken

Es dauert Jahre, vielleicht Jahrzehnte, bis negative Denkgewohnheiten sich so eingeschliffen haben, daß sie das ganze Leben bestimmen.

Die negative Prägung kann nicht durch vereinzelte positive Gedanken umgepolt werden

Diese negative Prägung läßt sich nicht einfach »umpolen«, indem man ab und zu einmal einen positiven Gedanken formuliert. In der Regel spricht das Unbewußte nicht von heute auf morgen an, sondern benötigt einige Zeit, um die positiven Vorstellungen anzunehmen, dauerhaft einzuprägen und zu realisieren.

Positive Gedanken müssen täglich wiederholt werden

Deshalb ist es unerläßlich, die positiven Gedanken regelmäßig Tag für Tag zu wiederholen. Über kurz oder lang setzen sie sich schließlich ganz selbstverständlich im Alltag durch.
Es fällt nicht weiter schwer, sich die positiven Vorstellungen einzuprägen, sie müssen nur oft genug wiederholt werden. Alles, was man in tiefer Entspannung im Geist wiederholt, findet (fast) immer den Weg ins Unbewußte, wird dort eingeprägt und schließlich verwirklicht.

Sie finden ihren Weg ins Unbewußte

---

* Näheres dazu siehe »Autosuggestion – Die Kraft der Selbstbeeinflussung durch positives Denken« von E. Coué, Jopp bei Oesch, ISBN 3-0350-5500-9.

Aus praktischer Erfahrung wissen wir, daß durchschnittlich 6–8 Wochen lang täglich geübt werden muß, ehe die Wirkung der positiven Gedanken spürbar wird. An diesem Mittelwert darf man sich aber nicht orientieren. Jeder benötigt individuell unterschiedlich lang, bis sich der Erfolg einstellt.

Es dauert 6–8 Wochen, bis die Wirkung spürbar wird

Unter anderem hängt das von der Persönlichkeit und der Art des zu beeinflussenden Problems ab (ein schwieriges erfordert naturgemäß meist mehr Zeit). Zum Teil wird die Wirkung bereits nach wenigen Tagen spürbar, unter Umständen können aber auch Monate oder sogar über ein Jahr vergehen, ehe sich die richtig formulierten positiven Gedanken tief genug eingeprägt haben und verwirklichen können.

Fast immer zahlt sich die Geduld aus, nur selten bleibt das positive Denken einmal unwirksam. Das kann auf ein schwerwiegendes Problem hinweisen, das vielleicht nur mit fachlicher Hilfe zu be- und verarbeiten ist.

Nur selten bleibt das positive Denken unwirksam

Mindestens zweimal, besser dreimal am Tag sollte geübt werden, um die positiven Gedanken möglichst bald ins Unbewußte aufzunehmen und daraus zu verwirklichen.

2- bis 3mal täglich üben

Zunächst versenkt man sich dazu in tiefe Entspannung, damit das Unbewußte aufnahmefähiger für die positiven Vorstellungen wird. Sobald sich die Entspannung spürbar eingestellt hat, wiederholt man die einzuprägenden bildhaften Gedanken im Geist etwa 30mal. Anschließend kann die Entspannung wieder zurückgenommen werden.

Durchführung

Manchmal verbessert sich die Wirkung, wenn man die positiven Gedanken leise murmelt, bei Bedarf kann das ausprobiert werden.

Die 30 Wiederholungen bei jeder Übung sind ein Basiswert, der sich aus der praktischen Erfahrung ergibt. Im Einzelfall, etwa bei besonders schwierigen Problemen, kann man die positiven Vorstellungen auch 40- bis 50mal bei jeder Übung wiederholen. Das bedeutet aber nicht, daß positive Gedanken uneinge-

30 Wiederholungen bei jeder Übung

50mal ist die Obergrenze

schränkt wiederholt werden dürften, 50mal gilt als Obergrenze. Bei »Überdosierung« der Formeln werden nicht selten heftige innere Widerstände dagegen provoziert, die den Erfolg hemmen oder verhindern.

Faustregel

Daraus ergibt sich als Faustregel, daß man besser 3mal am Tag je 30mal die positiven Gedanken wiederholt, als 1- bis 2mal mit 60 und mehr Wiederholungen übt. Insgesamt bleibt die Anzahl der Wiederholungen zwar ungefähr gleich, praktisch können aber Unterschiede bei der Wirkung eintreten.

Probleme und Schwierigkeiten nehmen allmählich ab

Sobald sich eine positive Vorstellung im Alltag immer deutlicher durchsetzt, nehmen die dadurch beeinflußten Probleme und Schwierigkeiten nach und nach ab. Schließlich sind sie vollständig bewältigt. Dann benötigt man die aktuelle Trainingsformel nicht mehr, sondern sucht ein neues Ziel für die positiven Gedanken. Lediglich die Generalformeln können ständig verwendet werden, weil sie ganzheitlich positiv umstimmen sollen.

Das Training nicht längere Zeit unterbrechen

Eine längere Unterbrechung des positiven Gedankentrainings empfiehlt sich grundsätzlich nicht. Sonst erlebt man meist, daß die Fähigkeiten zur Tiefentspannung und Vorstellung bildhafter positiver Gedanken allmählich nachläßt. Benötigt man das positive Denken dann plötzlich aus aktuellem Anlaß, müssen die Fähigkeiten erst wieder aufgebaut werden. Unter Umständen dauert das zu lang, um auf Schwierigkeiten angemessen reagieren zu können. Beim konsequenten täglichen Training hingegen kann sofort begonnen werden, eine zielgerichtete positive Vorstellung einzuprägen.

Mentales Training

Vor allem beim Sport bekannt

Eine Sonderform des positiven Denkens, das mentale (= geistig) Training, kennt man vor allem beim Sport. Viele der Athleten bereiten sich auch damit auf Wettkämpfe vor. So stellen sich zum Beispiel die Abfahrtsläufer oder Skispringer im Geist jede einzelne Phase des Wettkampfs möglichst bildhaft vor. Auf diese Weise »verinnerlichen« sie praktisch die gesamte Strecke eines Slalomlaufs oder den Sprung von der Skischanze in allen Einzelheiten.

Richtiges Verhalten im Wettkampf

Wird das oft genug geübt, verhält man sich später in der realen Wettkampfsituation automatisch richtig, so wie es beim mentalen Training eingeprägt wurde. Dieser Vorteil kann unter Umständen über Sieg oder Niederlage entscheiden.

Man kann sich auf alle absehbaren Ereignisse mental vorbereiten

Die mentale Vorbereitung auf bevorstehende Situationen muß sich natürlich nicht auf den Hochleistungssport beschränken. Grundsätzlich kann man sich mit dieser Technik auf nahezu alle absehbaren Ereignisse intensiv vorbereiten, indem man sich den Ablauf positiv möglichst bildhaft vorstellt und ein prägt.

Sinngemäß gilt dazu, was weiter vorne (s. S. 80) bereits zur Einprägung positiver Gedanken erklärt wurde. In der konkreten Situation wird das Denken, Verhalten und Handeln dann ohne weitere Überlegung automatisch richtig und zweckmäßig ablaufen. Es führte zu weit, im Rahmen dieses Buchs diese besondere Technik noch gründlicher vorzustellen. Dazu gibt es genügend einschlägige Literatur zur Information. Wenn keine andere Gelegenheit besteht, kann man danach das mentale Training auch selbständig erlernen. Nach Möglichkeit übt man es jedoch zunächst unter fachlicher Anleitung ein, um Fehler zu vermeiden. Wer mentales Training gut beherrscht, kann es sehr vielseitig nutzen.

Möglichst zunächst unter fachlicher Anleitung

Unerwünschte Folgen der Übungen

Erhebliche Umstellung

Wenn man lange Zeit mehr negativ als positiv dachte, bedeutet es eine erhebliche Umstellung, von nun an nur noch positive Gedanken zu entwickeln. Das Seelenleben kann dem nicht sofort folgen, es benötigt einige Zeit für die Neuorientierung. In ähnlicher Weise beobachtet man das aber auch in der Psychotherapie, die ja ebenfalls ein zunächst unbequemes Um- und Neulernen erfordert.

Die Folgen hängen von der Persönlichkeit ab

Welche Folgen die Umstellung nach sich zieht, hängt vor allem von der Persönlichkeit eines Menschen ab. Während der eine flexibel reagiert und sich durch die positiven Gedanken bald wohler fühlt, entwickelt ein anderer vielleicht erhebliche innere Widerstände, die unter anderem zu Nervosität, innerer Anspannung, Gereiztheit und Aggressivität führen können. Dabei handelt es sich meist nicht um unerwünschte Begleiterscheinungen.

Übungen haben das Unbewußte erreicht und provozieren Reaktionen

Vielmehr zeigen derartige Reaktionen an, daß die Übungen das Unbewußte erreichen und Reaktionen provozieren. Sobald diese kritische 1. Phase überstanden ist, fühlt man sich immer zufriedener mit den vollzogenen Veränderungen.

Unerwünschte Nebenwirkungen

Möglich sind aber auch Folgen, die tatsächlich als unerwünschte Nebenwirkungen eingestuft werden müssen. Vielfach erklären sie sich aus Besonderheiten der Persönlichkeit und/oder durch Fehler beim positiven Denktraining. Wer solche Begleiterscheinungen erlebt, muß zunächst analysieren, ob er korrekt übt und die positiven Vorstellungen richtig formuliert hat.

Hilfe vom Psychotherapeuten

Wenn dabei keine Ursachen für die Nebenwirkungen festgestellt werden, sollte mit dem Kursleiter oder einem Psychotherapeuten über die Problematik gesprochen werden. Mit seiner Hilfe gelingt es fast immer, die störenden Wirkungen zumindest so gut einzudämmen, daß das Training nicht abgebrochen werden muß. Und sobald sich die positiven Gedanken durchsetzen, verschwinden die unangenehmen Reaktionen in der Regel allmählich von selbst.

Andauernde Müdigkeit

Manche Menschen fühlen sich nach dem Training der positiven Vorstellungen noch stundenlang müde. Zum Teil leiden sie auch noch an Schwindel und/oder Mißempfindungen (Taubheit, Kribbeln) in den Gliedmaßen. Vorwiegend treten solche Beschwerden bei Patienten mit niedrigem Blutdruck auf.

Patienten mit niedrigem Blutdruck

Zwar sind sie harmlos und bilden sich schließlich von selbst zurück, werden aber von vielen Betroffenen als sehr unangenehm empfunden. Überdies besteht das Risiko, daß man durch Schwindel oder Ohnmacht zu Fall kommt und sich verletzt. Deshalb dürfen derartige Symptome nicht auf die leichte Schulter genommen werden.

Ursache

In der Regel entstehen solche Folgewirkungen, wenn die Entspannung am Ende der Übung nicht korrekt zurückgenommen wurde. Das Herz-Kreislauf-System kann dann nicht auf die normale Anspannung des Alltags umschalten, die oben genannten Symptome stellen sich vorübergehend ein.

Entspannungszustand bewußt aufheben

Vermeiden lassen sie sich einfach, indem man den Entspannungszustand am Ende einer Übung bewußt wieder aufhebt. Das gilt auch dann, wenn man anscheinend überhaupt keine Wirkung bei der Übung gespürt hat.

Die Zurücknahme der Entspannung erfolgt bei den meisten Techniken, indem man die Arme kräftig beugt und streckt und danach tief durchatmet. Ehe man aufsteht, kann man sich noch ausgiebig wie eine gerade erwachte Katze dehnen, strecken und räkeln, das regt das Herz-Kreislauf-System zusätzlich an und bringt die für den Alltag notwendige Spannung zurück.

Herz-Kreislauf-System anregen

Dann bleibt man noch kurz sitzen, damit sich die Blutverteilung anpaßt, und erhebt sich dann erholt und wieder ganz wach.

Unterbrechung der Entspannung durch Telefon o. ä.

Keine bewußte Zurücknahme der Übungszustände ist erforderlich, wenn ein kurzer Schock (wie Telefon, Türglocke) die Entspannung abrupt unterbrach. Wer beim Training einschläft, muß ebenfalls keine Zurücknahme durchführen. Nach dem Erwachen wird sich der normale Spannungszustand des Alltags von selbst wieder einstellen.

Beim Training einschlafen

Eingebildete Gesundheit

Eingebildete Krankheiten

Wohl jeder hat schon von eingebildeten Krankheiten gehört. Im Grunde handelt es sich dabei auch um eine Form des negativen Denkens. Es führt dazu, daß man hinter jeder körperlichen Mißempfindung, bei jedem Unwohlsein gleich eine ernste Erkrankung befürchtet. Wenn man sich Krankheiten einbilden kann, ist es umgekehrt auch möglich, durch positives Denken das Gefühl von Gesundheit zu erzeugen. Das Risiko besteht darin, daß die positiven Vorstellungen zu gut wirken. Dann können Erkrankungen sich zunächst deutlich bessern oder scheinbar ausheilen, weil die Kraft des positiven Denkens die Symptomatik mildert oder unterdrückt.

Gefühl von Gesundheit erzeugen

Risiko

Natürlich kommt es immer wieder vor, daß positives Denken tatsächlich sogar lebensbedrohliche Krankheiten dauerhaft bessert oder heilt. Aber darauf darf man sich nicht blind verlassen.

Positives Denken kann Krankheiten bessern oder heilen

Der berechtigte Glaube an die heilende Kraft positiver Vorstellungen muß abgesichert werden durch die fachliche Verlaufskontrolle. Nur das gewährleistet, daß man sich Gesundheit nicht einbildet, während sich in Wahrheit eine ernstere Krankheit unbemerkt verschlimmert. Lediglich bei offensichtlich einfacheren Gesundheitsstörungen kann auf die fachliche Begleitung verzichtet werden.

Fachliche Verlaufskontrolle

Leider kommt es immer wieder vor, daß Schulmediziner eine Heilung durch positive Gedanken nicht anerkennen. Wenn ein Arzt mit dieser ablehnenden Grundeinstellung das positive Denken begleitet, wird er den Patienten häufig verunsichern. Oft genug hat das zur Folge, daß die positiven Vorstellungen tatsächlich scheitern. Deshalb eignet sich ein solcher Arzt nicht zur Verlaufskontrolle. Im Idealfall findet man einen, der bereits über Erfahrungen mit seelisch-geistiger Heilung verfügt. Zumindest muß er aber ohne Vorurteile bereit sein, den Versuch des Patienten aufgeschlossen zu begleiten. Auf diese Weise wurde mancher Skeptiker schließlich doch noch überzeugt.

Schulmediziner erkennen oft eine Heilung durch positive Gedanken nicht an

Der Arzt darf keine Vorurteile haben

Die Empfehlung, einen Mediziner zuzuziehen, darf nicht mißverstanden werden. Die erfolgreiche »Therapie« durch positive Gedanken hängt natürlich nie von ärztlicher Begleitung ab. Es handelt sich dabei um eine reine Vorsichtsmaßnahme, wie sie auch bei anderen Formen der Selbsthilfe üblich ist.

Vorsichtsmaßnahme

Wer das beachtet, läuft nie Gefahr, sich Gesundheit durch positive Vorstellungen lediglich einzubilden. Ohne Risiken kann das positive Denken dann in eigener Verantwortung als ergänzende Hilfe zur Aktivierung der Selbstheilungsregulationen genutzt werden.

Verlagerung von Symptomen

Die Kritiker des positiven Denkens warnen nicht allein vor dem Risiko, eine Krankheit zu verschleppen. Vielmehr beschwören sie auch noch eine Gefahr durch die Verlagerung von Symptomen herauf. Das soll bedeuten, daß bestehende Symptome unterdrückt werden, dafür aber andere auftreten, die zum Teil erheblich schlimmer sind.

Bestehende Symptome werden unterdrückt, andere treten auf

Für diese Annahme fehlen allerdings stichhaltige Beweise. In den meisten Fällen wird sie durch die praktische Erfahrung widerlegt. Wenn doch einmal eine

Keine Beweise

Symptomverlagerung vorkommt, liegt der Verdacht nahe, daß sich hier negative Erwartungen gebildet und selbst verwirklicht haben.

Positives Denken kann nicht zur Veränderung von Symptomen führen

In der Regel kann positives Denken überhaupt nicht zur Veränderung von Symptomen führen. Die heilenden Gedanken und Vorstellungen zielen nie allein darauf ab, die Symptomatik zu unterdrücken, selbst wenn sich einzelne Formulierungen scheinbar nur dagegen richten. Tatsächlich bewirkt positives Denken automatisch immer ganzheitlich positive Veränderungen an Körper, Geist und Seelenleben. Das schließt eine Verlagerung von Symptomen nahezu aus, einzelne Fälle bestätigen diese Regel.

Es bewirkt ganzheitlich positive Veränderungen an Körper, Geist und Seelenleben

Richtig ist allerdings, daß es im Verlauf des positiven Gedankentrainings zu anderen Beschwerden kommen kann. Dabei handelt es sich aber mitnichten um die bloße Verlagerung der Symptomatik.

Krise als Ursache

Oftmals erklären sich die neuen Beschwerden aus einer Krise, die der Patient vor der Heilung durchstehen muß. Es können aber auch Symptome neu auftreten, die sich ohne positives Denken ebenfalls bemerkbar gemacht hätten. Diese beiden Ursachen eines veränderten Krankheitsbilds werden durch die positiven Gedanken beseitigt und können die Heilung nicht vereiteln.

Neu hinzukommende Symptome nicht vernachlässigen

Wenn positives Denken selbständig ohne fachliche Verlaufskontrolle trainiert wird, dürfen neu hinzukommende Symptome aber nicht vernachlässigt werden. Darüber muß mit einem Therapeuten gesprochen werden, der über Erfahrungen mit positiver Selbstbeeinflussung verfügt. Nur er kann beurteilen, was die veränderte Symptomatik zum Ausdruck bringt und ob Maßnahmen dagegen erforderlich sind. Zum Teil kann man aus den neuen Symptomen nämlich wichtige Rückschlüsse auf den Krankheits- und Heilungsverlauf ziehen.

Realitätsflucht

Realität soll besser bewältigt werden

Eine der wichtigsten Absichten des positiven Denkens besteht darin, die Realität mit all ihren berechtigten Ansprüchen besser zu bewältigen. Das bedeutet also genau das Gegenteil von Realitätsflucht. Trotzdem darf die Warnung davor nicht ganz von der Hand gewiesen werden. Allerdings ist es ein Mißbrauch des positiven Denkens, wenn man sich mit seiner Hilfe dem Alltag zu entziehen versucht, durchaus vergleichbar mit dem Mißbrauch von Arzneimitteln und Drogen.

Gefährdete Personen

Gefährdet sind vornehmlich die Personengruppen, die auch stärker von Alkohol-, Drogen- und/oder Arzneimittelabhängigkeit bedroht werden. Im Prinzip macht es nämlich keinen so großen Unterschied, ob man mit Hilfe solcher Suchtmittel im Kopf »künstliche Paradiese« erschafft oder sich das Leben einfach »schöner denkt«. In beiden Fällen läßt die Fähigkeit und Bereitschaft, das Leben selbstbestimmt und aktiv zu gestalten, stark nach. Das kann bis zur Lebensuntüchtigkeit führen. Nur ein wesentlicher Unterschied zwischen Suchtmitteln und Mißbrauch der positiven Vorstellungen besteht: Die »Ersatzdroge positives Denken« führt nie zu schweren körperlichen Schäden.

Gelegentliche kleine Fluchten aus der Realität

Es gehört zu den urmenschlichen Eigenschaften, sich das Leben durch gelegentliche kleine Fluchten aus der Realität zu erleichtern. Gegen solche Träumereien bestehen keinerlei Bedenken, sie tragen sogar mit zur seelischen Gesundheit bei. Mit Hilfe des positiven Denkens lassen sich diese Träume teilweise sogar verwirklichen.

Realitätsflucht

Aber man muß sich stets wieder bewußt machen, daß es sich zunächst lediglich um schöne Vorstellungen handelt, die in der Zukunft vielleicht wahr werden, aber noch keine Realität geworden sind. Zur Realitätsflucht kommt es erst, wenn die Träume so herrschend werden, daß man fast nur noch in dieser

Vorstellungswelt lebt, aber nichts mehr tut, um im Alltag zu bestehen und einige der Träume zu realisieren.

> Wer beim Training des positiven Denkens bemerkt, daß er sich allmählich aus der Realität in positive Vorstellungen flüchtet, nur noch aus diesen seine eigene Wirklichkeit errichtet, muß die Notbremse ziehen, solange das aus eigener Kraft und Einsicht noch möglich ist.

Notbremse

Das bedeutet konkret, daß die Übungen dann sofort abgebrochen werden müssen. Wenn das dauerhaft ohne »Rückfall« gelingt, wäre das Problem damit theoretisch bereits abgeschlossen. Zu einem späteren Zeitpunkt könnte sogar erneut versucht werden, das positive Denken einzuüben. Wenn sich die Lebensbedingungen bis dahin geändert haben, muß das nicht erneut zur Realitätsflucht führen.

Tiefer verwurzelte psychische Probleme

Empfehlenswert ist jedoch, sich nicht darauf zu beschränken, nur das Training zu beenden. In der Regel deutet die Realitätsflucht auf tiefer verwurzelte psychische Probleme hin, die positiven Vorstellungen wirken lediglich auslösend. Diesen eigentlichen Ursachen gilt es auf die Spur zu kommen. Meist gelingt das nicht ohne psychotherapeutische Beratung.

Realitätsflucht muß frühzeitig erkannt werden

Wenn die Realitätsflucht nicht frühzeitig erkannt wird, kann der Betroffene selbst sich kaum mehr daraus befreien. Er nimmt ja überhaupt nicht mehr wahr, daß er das Training zur Flucht aus dem Alltag mißbraucht. Dann sind die Menschen in seinem sozialen Umfeld gefordert, ihm Anstöße zur Therapie zu geben. Mangels Einsicht fällt das aber meist ungemein schwer. Oft wird das erst gelingen, wenn die Realitätsflucht zu ernsthaften Folgen im Alltag führt, beispielsweise in Beruf, Partnerschaft und Familie.

Abschließend sei aber nochmals wiederholt: Wer sorgfältig darauf achtet, ob er sich immer häufiger und tiefer in eine Welt der schönen Vorstellungen flüchtet, wird das Risiko frühzeitig erkennen und ausschalten können. Somit bleibt das positive Denken auch in dieser Hinsicht unproblematisch.

Positives Denken als Lebenshilfe

Qualität des Denkens beeinflußt das Leben

Alles, was wir denken, erwarten und uns vorstellen, durchdringt das gesamte Leben. Von der Qualität des Denkens hängt es oft maßgeblich mit ab, ob wir glücklich oder unglücklich, erfolgreich oder erfolglos, gesund oder krank sind.

Positives Denken ist eine universale Lebenshilfe

Verändert man die negative Qualität des Denkens, durchdringt auch diese Änderung das ganze Leben, kann eine negative Prägung positiv »umpolen«. Deshalb ist es berechtigt, das positive Denken als eine universale Lebenshilfe zu bezeichnen.

Naturgemäß ist es unmöglich, die zahllosen individuellen Anwendungsmöglichkeiten positiver Gedanken im Rahmen eines Buchs allesamt vorzustellen. Wir müssen uns auf die typischen beschränken. Daraus lassen sich aber unschwer die Formulierungen ableiten, die den persönlichen Bedürfnissen optimal gerecht werden.

Chancen und Grenzen positiver Gedanken

Obwohl das positive Denken eine universale Lebenshilfe bietet, gibt es doch Situationen, in denen es an seine Grenzen stößt. In erster Linie gilt das für die positiven Erwartungen und Vorstellungen, zu deren Verwirklichung praktisch alle Voraussetzungen fehlen.

Ein leicht verständliches Beispiel dafür wurde bereits einmal genannt: Wer völlig unmusikalisch ist, kann sich ein Leben lang vorstellen, ein Konzertvirtuose zu werden, er wird dieses Ziel nie erreichen.

Beispiel

Sinngemäß gilt das für alle Vorstellungen, die etwas Unmögliches anstreben. Unverrückbare Grenzen, wie mangelndes musikalisches Talent in unserem obigen Beispiel, können auch positive Gedanken natürlich nicht überschreiten. Innerhalb dieser Grenzen ist aber grundsätzlich alles erreichbar, wonach man ernsthaft strebt.

Positive Gedanken können unverrückbare Grenzen nicht überschreiten

Dieses ernsthafte Bestreben kann allerdings auch eine andere Grenze für positives Denken errichten. Man kann nämlich nur dann wirklich ernsthaft ein bestimmtes Ziel erreichen wollen, wenn man uneingeschränkt mit der gesamten Persönlichkeit dahinter steht. Das schließt nicht völlig aus, daß sich auch einmal ein Ziel realisieren läßt, mit dem man sich nicht so recht identifizieren mag. Aber dann stehen dahinter Motive, die stark genug sind, um die mangelnde innere Übereinstimmung auszugleichen.

Die ganze Persönlichkeit muß uneingeschränkt hinter einem bestimmten Ziel stehen

Fraglich bleibt dann trotzdem, ob man in einem solchen Fall tatsächlich ein optimales Ergebnis erzielt. Häufiger stößt man wohl sehr viel früher an Grenzen, als objektiv notwendig wäre, wenn man mit einem Ziel innerlich nicht voll übereinstimmt. Dieses Problem läßt sich nur dann lösen, wenn man ein tragfähiges Motiv für ein Ziel findet, damit man sich mit diesem identifizieren kann. Gelingt das nicht, müssen Nachteile bei der Verwirklichung in Kauf genommen werden.

Wer positives Denken gut beherrscht, findet aber eher eine gute Motivation. Denn wenn man an ein ungeliebtes Ziel trotz aller inneren Widerstände positiv herangeht, erkennt man meist auch Aspekte, für die es lohnt, sich voll einzubringen. Beim negativen Denken hingegen werden sie meist übersehen.

Durch positives Denken findet man eine gute Motivation

> Auch hier zeigt sich also, daß positives Denken unzählige Chancen beinhaltet und enge Grenzen erweitern, wenn nicht gar überwinden kann.

Einschränkungen aus individuellen Umständen

Schließlich gibt es eine Vielzahl von Einschränkungen, die sich aus individuellen Umständen ergeben. So können zum Beispiel ungünstige Lebenserfahrungen Barrieren für positive Gedanken errichten, die normalerweise unüberwindlich wären. Geht man jedoch mit positiven Erwartungen daran, garantiert das zwar auch noch keinen Erfolg, erhöht aber die Chancen, den Stellenwert negativer Erfahrungen deutlich zu reduzieren. Dazu benötigt man wieder eine ausreichende Motivation.

Positive Erwartungen helfen

Sobald die vielen negativen Erfahrungen des Lebens, die keinem erspart bleiben, auf diese Weise ihre Bedeutung einbüßten, können sie positives Denken nicht mehr be- und verhindern. Genügt die Selbsthilfe dazu nicht, liegt in der Regel eine schwer belastende Lebenserfahrung vor. Dann sollte an eine psychologische Beratung gedacht werden, die bei der Verarbeitung hilft.

Zusammenfassung

Zusammenfassend gilt: Positives Denken bietet ungeahnte Chancen und kann viele Einschränkungen, die sich aus unterschiedlichen Gründen ergeben, zumindest teilweise, wenn nicht gar vollständig ausräumen. Innerhalb dieser Begrenzungen helfen positive Gedanken nahezu universal.

Voraussetzungen des positiven Denkens

Grundbedingungen

Positives Denken gelingt nur dann optimal, wenn einige Grundbedingungen dafür geschaffen werden (s. a. S. 53). Für Ungeübte sind sowohl die äußeren als auch die inneren Voraussetzungen wichtig. Nach einiger Erfahrung kommt es vor allem noch auf die inneren Grundlagen an, die äußeren verlieren an Bedeutung. Da alle diese Voraussetzungen bereits bei der Anleitung zum positiven Denken (s. S. 68) ausführlich beschrieben wurden, genügt es an dieser Stelle, sie nochmals kurz in Erinnerung zu rufen.

Ideale Trainingsbedingungen

Zu den wichtigsten äußeren Grundlagen gehören die idealen Trainingsbedingungen: ruhiger Raum zur ungestörten Übung, bequeme Unterlage und Körperhaltung sowie eine individuell gut wirksame Entspannungstechnik. Im weiteren Sinn kann man auch noch das regelmäßige Training zu den Basisvoraussetzungen rechnen.

Regelmäßiges Training

Tiefe Entspannung

Die tiefe Entspannung bleibt auch nach langer Erfahrung immer unverzichtbar, das Unbewußte wird dadurch aufnahmefähiger für positive Vorstellungen. Alle anderen äußeren Bedingungen dagegen verlieren allmählich an Bedeutung. Je besser eine Entspannungstechnik beherrscht wird, desto bedeutungsloser wird zum Beispiel ein ruhiger Übungsraum und die bequeme Körperhaltung. Gut Trainierte können praktisch überall und fast unabhängig von äußeren Umständen rasch in tiefe Entspannung gleiten. So weit gelangt man allerdings nur durch konsequente tägliche Übung.

Innere Grundvoraussetzungen

Die inneren Grundvoraussetzungen für positives Denken büßen nie an Bedeutung ein, auch nicht nach langjähriger Erfahrung. Sie müssen ständig gepflegt und bei Bedarf aufgefrischt werden. Andernfalls häufen sich Mißerfolge, und das Training wird erfahrungsgemäß irgendwann aufgegeben.

Ausreichende Motivation

Am wichtigsten ist zunächst die ausreichende Motivation. Nur sie gewährleistet, daß man sich der Mühe des täglichen Trainings überhaupt unterzieht.

Die gute Motivation allein bewirkt freilich noch nichts. Unbedingte weitere innere Voraussetzung ist die klare Zielsetzung. Sie gibt vor, was mit dem positiven Denken erreicht werden soll. Dabei steht sie in

Klare Zielsetzung

enger Beziehung mit der Motivation, denn Ziele, für die man nicht hinreichend motiviert ist, lassen sich auch mit positivem Denken schwer verwirklichen. Der Grad der Motivation sollte immer ungefähr gleich bleiben, die Ziele hingegen wechseln, sobald eines realisiert wurde.

Einsicht in Ursachen und Folgen der Probleme und Konflikte

Die klare Formulierung von Zielen hängt von einer weiteren inneren Grundbedingung ab, und zwar von der Einsicht in Ursachen und Folgen der Probleme und Konflikte. Die gewinnt man immer wieder durch sorgfältige Analyse anstehender Schwierigkeiten. Je besser das gelingt, desto leichter können zielgerichtete positive Gedanken und Vorstellungen entwickelt werden.

Ziele mit bildhaften Vorstellungen verknüpfen und einprägen

Die beiden letzten Vorbedingungen für positives Denken bestehen darin, die Ziele mit bildhaften Vorstellungen zu verknüpfen und konsequent einzuprägen, bis sie Wirklichkeit werden. Wer sich schwer mit den bildhaften Vorstellungen tut, kann diese Fähigkeit gezielt trainieren. Mit jedem neuen Ziel werden natürlich auch neue bildhafte Vorstellungen erforderlich.

Es scheint nur kompliziert

Fehler sind am Anfang normal

Das alles klingt zunächst sicher kompliziert, aber davon darf man sich nicht entmutigen lassen. Es ist auch ganz normal, daß anfangs Fehler unterlaufen. Allmählich fällt das positive Denken jedoch immer leichter und wirkt spürbarer. Schließlich wird es ganz selbstverständlich in den Alltag integriert. Kaum jemand, der bis dahin durchhielt, will darauf je wieder verzichten.

Glück und innere Harmonie

Was ist Glück?

Fast alle Menschen streben nach einem möglichst glücklichen Leben. Aber was dieses Glück bedeutet, läßt sich nicht allgemeingültig definieren. Jeder ver-

bindet damit ganz persönliche Vorstellungen und Erwartungen. Was der eine als Glück empfinden mag, läßt einen anderen vielleicht völlig unberührt.
Manche fühlen sich bereits glücklich, wenn Unglück und Krankheit sie verschonen, eine sehr bescheidene Erwartung. Andere benötigen Macht und Reichtum zum Glück. Irgendwo zwischen diesen beiden Extremen sind wohl die meisten Menschen anzusiedeln.

Vorstellungen vom Glück ändern sich

Die Vorstellungen vom Glück sind nicht für alle Zeiten beständig. So verändern sie sich zum Beispiel mit zunehmendem Alter mehr oder minder deutlich. Außerdem kann es von der aktuellen Lebenssituation abhängen, was gerade als Glück empfunden wird. Dem Kranken wird Gesundheit als das größte Glück erscheinen. Sobald er aber genesen ist, stehen häufig wieder andere Vorstellungen und Erwartungen im Vordergrund. Viele Arbeitslose wären glücklich, wenn sie ins Berufsleben zurückkehren könnten, während ein beruflich stark gestreßter Mensch sich eher die Befreiung vom Zwang zur Arbeit als Glück vorstellt.

Glücksfaktoren

Aber trotz der teilweise gravierenden individuellen Unterschiede erkennt man bei der Mehrzahl der Menschen doch einige »Glücksfaktoren«, die in ihrer persönlichen Definition von Glück auftauchen. Somit darf man annehmen, daß diese für die meisten mit zum Glück gehören, wenngleich sie nicht für alle den gleichen Stellenwert besitzen. Mit den wichtigsten dieser Faktoren wollen wir nun vertraut machen und aufzeigen, wie sie durch positives Denken geschaffen, abgesichert und vertieft werden können.

Innere Ruhe und Ausgeglichenheit

Tiefer innerer Friede in der asiatischen Meditation

In der asiatischen Meditation gilt der tiefe innere Frieden als eines der wichtigsten Ziele. Um diesen Zustand völliger Versenkung zu erreichen, meditiert man dort oft tage- bis wochenlang. Auf unsere Lebensverhältnisse läßt sich das allerdings kaum übertragen, dazu fehlen alle Voraussetzungen. Auch seelisch-geistig sind wohl nur sehr wenige Bewohner der westlichen Industrienationen zu so langer Meditation und Abkehr von der Realität in der Lage.

Sehnsucht nach innerer Ruhe und Ausgeglichenheit

Dennoch sehnen auch wir uns nach mehr innerer Ruhe und Ausgeglichenheit, möchten selbstbewußt in uns ruhen und durch keine negativen äußeren Einflüsse erschüttert werden. Dieses »Atemholen der Seele« gilt als eine der wichtigsten Grundlagen des Glücks.

Atemholen der Seele

Ein ständig unruhiger Mensch kann nicht glücklich sein

Ein ständig unruhiger, innerlich zerrissener Mensch kann nicht wirklich glücklich sein, auch wenn er seine Aktivitäten als Glück und persönliche Befriedigung empfinden mag. Irgendwann bricht diese Selbsttäuschung zusammen und hinterläßt einen Menschen, der bestenfalls sein Leben neu orientiert, schlimmstenfalls daran zerbricht.

Streß, Hektik und Reizüberflutung

Aber es liegt nicht unbedingt an persönlichen Problemen, wenn man keine innere Ruhe und Ausgeglichenheit mehr findet. Streß, Hektik und Reizüberflutung des modernen Alltags verfolgen heutzutage zahlreiche Menschen bis in die Freizeit und in den Schlaf hinein, be- und verhindern die Erholung. Damit kommt ein Teufelskreis in Gang, weil ohne ausreichende Erholung die äußeren Einflüsse immer schwerer erträglich werden.

Aus diesem Dilemma kann man sich nicht immer aus eigener Kraft befreien. Aber wer positives Denken beherrscht, hat zumindest bessere Aussichten, diesen Teufelskreis zu durchbrechen.

Regelmäßige Entspannungsübungen fördern innere Ruhe

Allein schon die regelmäßigen Entspannungsübungen, die zum Training des positiven Denkens gehören, fördern innere Ruhe und Ausgeglichenheit. Zum Teil genügt das bereits, und es bedarf keiner zusätzlichen positiven Gedanken mehr.

Tiefe Entspannung fast überall und jederzeit möglich

Der Geübte kann sich fast überall und jederzeit kurz tief entspannen, danach fühlt er sich ruhiger, ausgeglichener und gut erholt. So kann er die vielfältigen

seelisch-nervösen Reize des Alltags wieder besser verkraften.
Wenn Entspannung allein nicht ausreichend wirkt oder wenn man ihre Wirkung noch verstärken möchte, werden ergänzend positive Vorstellungen verwendet. Gut eignet sich zum Beispiel die folgende, allgemein beruhigende Grundformel, die alle seelisch-geistigen Funktionen umfassend beeinflußt:

»An jedem Ort, zu jeder Zeit: Ruhe und Gelassenheit!«

Allgemein beruhigende Grundformel

Wenn es nicht gelingt, zu dieser Formulierung eine passende bildhafte Vorstellung zu entwickeln, kann zunächst das Bild von der ruhig brennenden Kerze (s. S. 75) verwendet werden. Mit zunehmender Übung stellen sich im Lauf der Zeit die individuellen Vorstellungen zu den verschiedenen Formeln von selbst ein.

Bildhafte Vorstellungen

Es kann einige Tage, aber auch Wochen bis Monate dauern, ehe diese Vorstellung sich spürbar durchsetzt. Man kann und soll sie unbegrenzt lang verwenden, auch ohne aktuellen Anlaß. Ruhe und Gelassenheit bilden wesentliche Grundlagen für Vermeidung und Bewältigung von Konflikten, Problemen, Streß und anderen Belastungen. Deshalb erzielt man mit dieser einfachen Formulierung häufig eine umfassende Wirkung.

Unbegrenzt lang verwenden

Die obige Vorstellung dient lediglich als Beispiel. Wenn eine andere persönlich besser gefällt, wird selbstverständlich diese verwendet. Es nützt wenig, mit einer vorgegebenen Formulierung zu üben, mit der man sich nicht identifizieren kann, das provoziert häufig innere Widerstände.
Die umfassend wirksame Grundformel für innere Ruhe und Ausgeglichenheit kann vor allem dann zum ständigen Training verwendet werden, wenn keine spezielle, gegen ein bestimmtes Problem gerichtete Vorstellung erforderlich ist.

Grundformel für innere Ruhe

Abweichend von der Grundregel, daß möglichst immer nur mit einer Formulierung geübt werden soll, kann die Grundformel auch mit zielgerichteten speziellen Formeln kombiniert werden. Oft erzielt man erst dann die optimale Wirkung.

Ergänzende Vorstellung für den Kurzschlaf auf Kommando

Sobald Ruhe und Ausgeglichenheit deutlich spürbar eintreten, empfiehlt sich die ergänzende Vorstellung für den Kurzschlaf auf Kommando. Wer diese Fähigkeit beherrscht, kann fast überall und jederzeit einige Minuten tief schlafen. Daraus erwacht man so gut erholt wie nach 2–3 Stunden Schlaf.

Nicht länger als 10–15 Minuten schlafen

Länger als 10–15 Minuten darf der Kurzschlaf aber nicht dauern, sonst fühlt man sich danach meist müder als zuvor. Zu Anfang, wenn man noch nicht von selbst rechtzeitig aufwacht, stellt man den Wekker. Mit einiger Übung erwacht man aber automatisch zur vorgesehenen Zeit. Die »innere Uhr« geht erstaunlich präzis, meist wacht man auf die Minute genau auf.

Täglich eine kurze Schlafpause

Damit der Kurzschlaf bald als gute Gewohnheit tief eingeprägt wird, sollte man zunächst jeden Tag möglichst um die gleiche Zeit eine kurze Schlafpause einlegen, beispielsweise nach dem Mittagessen und zur raschen Erholung nach Feierabend. Geübte können aber je nach Bedarf kurz schlafen, am besten jeden Tag mindestens einmal, um in Übung zu bleiben.

Nach der Grundformel für innere Ruhe und Ausgeglichenheit verwendet man zum Beispiel die folgende Formulierung für den Kurzschlaf:

Formulierung für den Kurzschlaf

»Ich lasse los, lasse mich gehen, sinke langsam in tiefen Schlaf – erwache in ... Minuten oder um ... Uhr frisch und gut erholt.«

Mit dieser Formel kann man eine passende bildhafte Vorstellung verbinden, zum Beispiel eine Feder, die langsam sinkt, oder ein Ölfleck, der sich langsam ausbreitet und immer tiefer in die Unterlage sickert. Das Bild muß wieder persönlich zusagen, die beiden obigen Vorstellungen sind lediglich als Beispiele gedacht. Auch hier gilt, daß sich die individuell geeigneten Bilder mit wachsender Übung ganz von selbst einstellen.

Regelmäßiges Training

Durch regelmäßiges Training gelingt es immer leichter und zuverlässiger, bei Bedarf für einige Minuten in tiefen, erholsamen Schlaf zu sinken und genau zur vorgegebenen Zeit wieder aufzuwachen. Besonders gut hilft das unter anderem im Beruf, denn neuere wissenschaftliche Untersuchungen belegen, daß der kurze Mittagsschlaf am Arbeitsplatz danach die Leistungsfähigkeit deutlich erhöht.

Hilfreich im Beruf

Die Formulierung zum Kurzschlaf wird verwendet, bis man bereits bei der Vorbereitung angenehme Müdigkeit spürt und rasch in tiefen Schlaf eintauchen kann. Danach sind keine bildhaften Vorstellungen mehr notwendig, die Fähigkeit zum Kurzschlaf hat sich tief genug eingeprägt, und er kann problemlos immer wieder realisiert werden.

Wegen der umfassenden Bedeutung von innerer Ruhe, Harmonie und kurzer Erholung im Tiefschlaf gehören die bisher beschriebenen Übungen zu den wichtigsten beim positiven Denken. Die individuell am besten geeigneten bildhaften Vorstellungen sollten deshalb besonders sorgfältig formuliert werden.

Wichtigste Übungen beim positiven Denken

Wege zur Selbstverwirklichung

Das Wort Selbstverwirklichung wurde und wird so oft falsch interpretiert oder mißbraucht, daß es zu einem inhaltsarmen Modebegriff verkam. Nicht selten verbirgt sich dahinter krasser Egoismus und Rücksichtslosigkeit gegenüber der Mitwelt.

Oft falsch interpretiert

Dennoch gehört die Selbstverwirklichung, richtig verstanden, zu den Grundbedürfnissen des Menschen. Mehr oder minder ausgeprägt strebt wohl jeder danach, wenigstens einen Teil seiner Anlagen, Fähigkeiten, Bedürfnisse und Ziele zu realisieren. Das gilt

Gehört zu den Grundbedürfnissen der Menschen

selbst für Menschen, die scheinbar uneigennützig für andere Dienste leisten, das ist eben ihre individuelle Form der Selbstverwirklichung. Wir benötigen sie vor allem, um das Leben mit Sinn zu erfüllen, Zufriedenheit und Glück zu finden.

Das Leben mit Sinn erfüllen

In der arbeitsteiligen westlichen Industriegesellschaft müssen jedoch viele Anlagen und Möglichkeiten vernachlässigt werden, im Lauf der Zeit verkümmern sie vollends. Als Folge fühlt man sich chronisch frustriert und unzufrieden, weit entfernt davon, Erfüllung und Glück zu empfinden.

Frustration und Unzufriedenheit sind unproduktiv

Negative Einstellungen wie Frustration und Unzufriedenheit sind aber unproduktiv und verhindern, daß man sich zumindest in der Freizeit eher selbst verwirklichen kann. Schlimmstenfalls führt das sogar zu körperlichen Krankheiten.

> Glück, Erfolg und Gesundheit sind wesentliche Ziele des positiven Denkens. Dazu gehört auch die Selbstverwirklichung, die durch positive Gedanken in mehrfacher Weise gefördert wird.

Was soll realisiert werden?

Zu Beginn stellt sich meist die Frage, was denn überhaupt realisiert werden soll. Das Leben ist nicht lang genug, um alle vorhandenen Möglichkeiten zu entwickeln, Schwerpunkte müssen gesetzt werden. Das wiederum erfordert, daß man sich zunächst einen Überblick über die schlummernden Möglichkeiten verschafft, nur dann kann die Selbstverwirklichung im Einklang mit sich selbst gelingen. Diese Selbstfindung kann durch positives Denken unterstützt werden, zum Beispiel mit der Vorstellung:

Vorstellung zur Selbstfindung

»Ich nehme mich an, so wie ich bin – erkenne mich selbst.«

Die positive Einleitung »ich nehme mich an« sollte nie fehlen, denn sie überwindet mögliche Widerstände gegen die Selbsterkenntnis und Selbstverwirklichung.

Ergänzt werden kann die Vorstellung durch ein Bild, das man von sich selbst vor dem inneren Auge entwickelt (es muß natürlich ein positives Bild sein), das erleichtert und vertieft die Selbsterkenntnis. Mit einiger Übung gewinnt man immer neue Einsichten. Zunächst werden sie ohne Bewertung einfach aufgeschrieben, damit sie nicht mehr in Vergessenheit geraten.

Bildhafte Vorstellung

Neue Einsichten

Sobald keine neuen Selbsterkenntnisse mehr auftauchen, werden die notierten Einsichten und Möglichkeiten nach ihrer Priorität geordnet. Dazu muß jeder eigene Maßstäbe anlegen. Oft hilft es, dabei auf den »Bauch« zu hören. Das heißt, bei der Ordnung nach Prioritäten achtet man auf die mehr oder minder angenehmen Gefühle, die mit den verschiedenen Selbsteinsichten verbunden sind. Die Möglichkeit mit der höchsten Priorität versucht man zuerst zu realisieren, wobei die folgende positive Vorstellung hilft:

Nach Priorität ordnen

»Ich nehme mich an – erreiche alles (oder konkret angeben, was) *– lebe in Einklang mit mir selbst.«*

Vorstellung zum Einklang mit sich selbst

Auch hier soll die positive Einleitung »ich nehme mich an« innere Widerstände verhindern oder abbauen.

Es kann wieder hilfreich sein, ein positives Bild von sich selbst vor dem inneren Auge zu entwickeln. Oft ist es aber auch nützlich, sich konkret das auszumalen, was gerade zur Selbstverwirklichung angestrebt wird.

Sobald das erste Ziel der Selbstverwirklichung erreicht wurde, geht man an das zweite auf der Prioritätenliste. Diese Liste muß regelmäßig neu überdacht und bei Bedarf geändert werden, im Lauf der Zeit können sich Prioritäten und Möglichkeiten nämlich verlagern.

Liste neu überdenken- und bei Bedarf ändern

Selbstverwirklichung kann zum krassen Egoismus

Selbstverwirklichung kann zum Egoismus werden

mit Rücksichtslosigkeit werden, die anderen schadet. Das hängt vom Charakter eines Menschen ab, dagegen wirkt keine positive Formulierung. Umgekehrt jedoch, wenn also die Selbstverwirklichung unzumutbar durch äußere Umstände beschnitten wird, hilft positives Denken schon gut. Am besten ergänzt man dazu einfach die obige Formulierung wie folgt:

»Ich nehme mich an – erreiche alles (oder konkret angeben, was) *– lebe in Einklang mit mir selbst und setze mich durch.«*

Andere Menschen gewaltsam entfernen?

Dazu malt man sich dann vielleicht plastisch aus, wie man alle Hindernisse umrundet oder überspringt. Ob man sich auch vorstellen sollte, daß man andere Menschen, die der Selbstverwirklichung im Weg stehen, gewaltsam entfernt, muß letztlich individuell entschieden werden. Unter Umständen können dadurch starke Aggressionen gegen andere in der realen Welt ausgelöst werden.

Ehe, Partnerschaft und Familie

In den letzten Jahrzehnten machten Ehe und Familie einen tiefgreifenden Wertewandel durch. Dennoch gehören sie für die Mehrheit der Menschen noch immer zum Lebensglück. Aber auch wer darin keine Erfüllung mehr findet, lebt doch häufig in einer mehr oder minder stabilen Partnerbeziehung.

Lebensabschnittsgefährte

Solche Lebensgemeinschaften haben das frühere Ideal der lebenslangen Ehe (das oft genug alles andere als ideal ist) ersetzt durch »Lebensabschnittsgefährten«. Diese können einfacher den wechselnden Bedürfnissen der verschiedenen Stadien des Lebens angepaßt werden, was lebenslange Beziehungen jedoch nicht grundsätzlich ausschließt.

Gleichgeschlechtliche Partnerschaften

Nicht zuletzt gehören auch die gleichgeschlechtlichen Partnerschaften, die in vielerlei Hinsicht durchaus den Beziehungen von Mann und Frau ähneln, zu den neuen Formen des Zusammenlebens.

Unsere Gesellschaft ist flexibler und toleranter geworden. Vieles, was vor wenigen Jahrzehnten noch geächtet war, läßt sie heute ohne Sanktionen zu. Das ist auch gut so, denn das starre Ehe-Familie-Leitbild war nie für alle gültig und geeignet. Alle Formen der Partnerbeziehung, die zwei Menschen füreinander auswählen, verdienen Schutz und Akzeptanz der Gemeinschaft.

Unsere Gesellschaft ist toleranter geworden

Das heute dominierende Ideal von individueller Freiheit erlaubt keine Diskriminierung der verschiedenen Sonderwege einer Partnerschaft mehr. Letztlich kann, darf und soll jeder nach seinen persönlichen Vorstellungen und Bedürfnissen mit oder ohne Partnerbeziehung glücklich werden.

Ideal von individueller Freiheit

Jeder soll nach seinen persönlichen Vorstellungen glücklich werden

In der Realität sieht es allerdings nicht immer ganz so ideal aus. Nach wie vor werden ungewöhnliche Partnerbeziehungen von einem Teil der Gesellschaft mißbilligt. Obwohl die Konsequenzen nicht mehr so gravierend wie früher ausfallen, können sie eine Partnerschaft doch erheblich belasten. Das gilt insbesondere dann, wenn die Mißbilligung von der Familie und ähnlichen nahestehenden Personen ausgeht. Im Extremfall kann das immer noch dazu führen, daß die Partnerschaft zerbricht oder die Verbindungen mit den »Gegnern« abgebrochen werden. Es erfordert viel Kraft und Zusammengehörigkeitsgefühl, dem Druck standzuhalten. Dabei kann positives Denken viel nützen, zum Beispiel eine Vorstellung wie:

»*Wir gehören zusammen – andere* (oder genau angeben, wer) *ganz gleichgültig – niemand kann uns trennen.*«

Vorstellung zur Zusammengehörigkeit

Sicher fällt es nicht schwer, zu dieser Formulierung noch eine positive bildhafte Vorstellung zu entwikkeln, etwa das Bild der Partner oder der ganzen Familie, die Glück und Liebe ausstrahlen.

Bildhafte Vorstellung

Beide Partner sollten positive Vorstellungen einüben

Am besten wirkt das positive Denken natürlich, wenn beide Partner oder die gesamte Familie positive Vorstellungen einüben. Aber auch wenn nur einer dazu bereit ist, erzielt man oft günstige Effekte. Dieser eine verändert nämlich durch die positiven Gedanken im Lauf der Zeit sein Verhalten, worauf schließlich auch der Partner oder die Familie positiv reagieren.

Wenn eine Partnerbeziehung solche Probleme nicht aufweist, kann positives Denken sie festigen und pflegen. Auch zu diesem Zweck sollten möglichst beide üben.

Keine künstliche Harmonie ohne Konflikte

Es gibt zahlreiche Möglichkeiten, die Ehe, Partnerschaft oder Familie durch positive Gedanken zu erhalten und zu verbessern. Dabei geht es keinesfalls um eine künstliche Harmonie ohne Konflikte, das wäre realitätsfremd.

In jeder zwischenmenschlichen Beziehung treten immer wieder Probleme und Konflikte auf, sonst »lebt« sie nicht mehr. Vielmehr soll positives Denken dazu beitragen, solche Schwierigkeiten anzunehmen, gemeinsam zu ertragen und konstruktiv zu lösen, ohne daß die Gefühle füreinander Schaden nehmen.

Vorstellungen müssen auf die konkrete Situation abgestimmt werden

Die dazu erforderlichen Vorstellungen müssen naturgemäß auf die konkrete Situation abgestimmt werden, dazu gibt es keine Patentrezepte. Man kann bei einer nicht stärker gestörten Beziehung aber auf einige allgemeine positive Gedanken zurückgreifen, die allmählich das »Klima« unter den Beteiligten verbessern. Folgende Formulierungen können sich dazu eignen:

Vorstellung zum besseren sozialen Klima

»*Ich nehme meine Frau/Mann/Familie/Kinder* (Zutreffendes auswählen) *an – Ehe/Familie/Partnerschaft macht glücklich.*«

Die einleitende Formulierung »ich nehme an ...« ist wieder wichtig, um innere Widerstände zu neutralisieren. Durch die Auswahl Frau, Mann, Ehe usw. kann diese Vorstellung etwas individueller gestaltet

werden. Das Ziel »... macht glücklich« hingegen ist eine allgemein wirksame Formulierung. Bei Bedarf kann sie durch eine ersetzt werden, die gezielter auf spezielle Probleme eingeht.
Wenn man lernen will, gemeinsam besser mit Problemen, Konflikten und Streit umzugehen, kann sich nachfolgende Vorstellung gut bewähren:

Vorstellung zum besseren Umgang mit Problemen, Konflikten und Streit

»*Streit* (oder Konflikte/Probleme) *ganz gleichgültig – Liebe* (oder Ehe, Familie) *ist wichtig – wir schaffen das.*«

Die Formel »... ganz gleichgültig« verhindert, daß Streit, Probleme und Konflikte überbewertet werden und die Beziehung vor eine Zerreißprobe stellen. Die dann folgende Formulierung »... ist wichtig« setzt einen Schwerpunkt, an dem alle Schwierigkeiten abprallen. Die letzte Vorstellung »... wir schaffen das« betont die Gemeinsamkeit und die Überzeugung, daß man zusammen alle Schwierigkeiten lösen wird.

Gemeinsamkeit betonen

Auch diese Vorstellung kann bei Bedarf mehr auf spezifische Probleme eingehen, dazu werden in obiges Beispiel die individuell passenden Wörter eingefügt.
Eine letzte Generalformel sei noch vorgestellt, weil sie das Wir-Gefühl und die gemeinsame Arbeit an Partnerschaft/Familie besonders hervorhebt:

Generalformel zur Stärkung des Wir-Gefühls

»*Wir gehören zusammen – gemeinsam schaffen wir alles (oder: gemeinsam sind wir stark).*«

Bildhafte Vorstellung vom glücklichen Partner

Zu allen Generalformeln bewährt sich die bildhafte Vorstellung vom Partner oder von der gesamten Familie, die zum Ausdruck bringt, daß alle miteinander glücklich leben.
Anfangs wird dieses Bild noch nicht durchweg positiv aussehen, im Lauf der Zeit wirkt es aber immer mehr so, wie es der obigen Zielvorstellung entspricht.
Mit Hilfe des positiven Denkens läßt sich eine unheil-

Eine zerrüttete Partnerschaft kann nicht durch positives Denken gerettet werden

bar zerrüttete Partnerschaft, Ehe oder Familie allerdings kaum noch retten. Meist mangelt es dann schon an gemeinsamen positiven Gedanken. Es wäre falsch, dann noch für einige Zeit in realitätsferne positive Vorstellungen zu fliehen. Wenn eine Trennung unvermeidlich wird, hilft positives Denken bei der »Trauerarbeit« und danach bei der Neuorientierung. Die Vorstellungen dazu sind aber stets so individuell, daß hier keinc Beispiele angegeben werden können.

Gute soziale Kontakte

Wenige Menschen kommen auf Dauer ohne soziale Kontakte aus

Zwischendurch empfinden wohl die meisten Menschen einmal das Bedürfnis, ungestört mit sich allein zu sein. Wer sich aus freien Stücken dafür entscheidet, kann auch ohne Familien-/Partnerbeziehungen gut leben. Aber nur wenige kommen auf Dauer ohne soziale Kontakte aus.

Qualität der zwischenmenschlichen Beziehungen ist wichtig

Entscheidend ist dabei nicht, wie viele Freunde, Bekannte und ähnliche Bezugspersonen man kennt, wichtig ist nur die Qualität der zwischenmenschlichen Beziehungen, die auch ein Stück Lebensqualität darstellt. Mit wenigen vertrauten Freunden erfährt man in der Regel mehr Lebensqualität als mit vielen oberflächlichen Kontakten.

Vereinsamung ist ein psychosoziales Problem

Viele beklagen heutzutage den Mangel an guten sozialen Beziehungen. Die Vereinsamung gehört in den westlichen Industriestaaten zu den großen psychosozialen Problemen dieser Tage. Abgesehen von der psychischen Belastung kann sie auch zu körperlichen Krankheiten führen. Aber obwohl der Wunsch nach Kontakten weit verbreitet ist, versuchen nur wenige der vereinsamten Menschen ernsthaft und konsequent, sich aktiv einen Freundes- und Bekanntenkreis aufzubauen.

Ursachen der Kontaktarmut

Die Ursachen der Kontaktarmut oder -unfähigkeit sind teilweise in den Lebensbedingungen der heutigen Gesellschaft zu suchen. Darauf kann und muß hier nicht weiter eingegangen werden. Diese ungünstigen Bedingungen lassen sich durch positives Denken auch nicht verändern.

Negative Einstellungen kann man ändern

Ändern kann man indes die negativen Einstellungen und Erwartungen, die guten sozialen Beziehungen häufig im Weg stehen. Sie erklären sich vornehmlich aus persönlichen Erfahrungen, die oft weit in die Kindheit zurückreichen. Insbesondere frühere soziale Enttäuschungen, Hemmungen und Minderwertigkeitsgefühle sind häufig für soziale Probleme verantwortlich. Unter anderem führen sie dazu, daß man sich aus Angst vor Zurückweisung scheut, auf andere zuzugehen.

Ursachen für soziale Probleme

Natürlich ist mit diesem ersten Schritt immer das Risiko der Ablehnung verbunden, die schmerzen kann. Aber dies erscheint als das geringere Übel, wenn man sich vergegenwärtigt, daß die Alternative meist Vereinsamung heißt.

Risiko der Ablehnung

Positives Denken gegen Kontaktarmut kann bei den tieferen Ursachen ansetzen, also zum Beispiel versuchen, Hemmungen oder Minderwertigkeitsgefühle zu überwinden, damit anschließend die Kontaktaufnahme besser gelingt. Das kann geraume Zeit dauern, unter Umständen sogar verdrängte Erinnerungen an soziale Frustrationen wieder aktivieren, die dann nicht selten nur mit fachlicher Unterstützung verarbeitet werden können.

Positives Denken gegen Kontaktarmut

Wenn kein ernsteres psychisches Problem besteht, kann man auf diesen »Umweg« verzichten und direkt auf das Ziel zugehen. Die Formulierungen dazu sollen die Scheu vor dem ersten Schritt nehmen und die Erwartung wecken, daß der Kontakt gelingt. Diese Absichten kleidet man in eine individuelle Vorstellung. Man kann aber zunächst auch eine Generalformel versuchen, etwa die folgende:

»Ich nehme andere an, so wie sie sind – gehe auf sie zu, Kontakt gelingt.«

Generalformel für leichtere Kontaktaufnahme

Diese Vorstellung erfüllt mehrere Funktionen. Respekt vor den Eigenarten und vor der Persönlichkeit eines anderen Menschen bildet die Grundlage guter sozialer Beziehungen. Die dazu notwendige Toleranz baut man mit der obigen Generalformel auf, während die Scheu vor dem ersten Schritt damit abgebaut wird. Der letzte Teil dieser Formel schafft von Anfang an positive Erwartungen. Damit sind wesentliche Bedingungen für Kontaktaufnahme und Kontaktpflege geschaffen.

Im Einzelfall kann es sinnvoller sein, die Formel zu individualisieren, indem man sie auf eine bestimmte Person beschränkt, zum Beispiel:

Individualisierte Formel für Kontakte

»*Ich nehme Frau/Herrn* (Namen einfügen) *an, so wie sie/er ist – gehe auf sie/ihn zu, Kontakt gelingt.*«

Positive bildhafte Vorstellung

Die Formulierung verdeutlicht man vor dem inneren Auge mit einer positiven bildhaften Vorstellung. So kann man sich beispielsweise ausmalen, wie man mit der/dem Betreffenden zwanglos ins Gespräch kommt. Oder man stellt sich vor, wie man auf eine Menschengruppe zugeht, mit ihnen spricht und dann vielleicht einen aus der Gruppe zum engeren Kontakt auswählt. Der Phantasie sind auch hier keine Grenzen gesetzt, Hauptsache man findet positive Formeln und Bilder.

Auf Erfolg »programmieren«

Was bedeutet Erfolg?

Verwirklichung individueller Fähigkeiten

Zwar streben wir fast alle mehr oder minder stark nach Erfolgen, aber was Erfolg genau bedeutet, kann letztlich jeder nur für sich ganz persönlich definieren. Ganz allgemein könnte man wohl die Verwirklichung individueller Fähigkeiten und Möglichkeiten eines Menschen als Erfolg bezeichnen.

Im engeren Sinn gehören zum Erfolg vor allem berufliche Karriere, Statussymbole und Realisierung von Wünschen und Zielen, die nicht unbedingt der Selbstverwirklichung dienen. Es kommt nicht selten vor, daß jemand nach Erfolgen sucht, die nur bedingt oder überhaupt nicht mit seinen Fähigkeiten und Möglichkeiten übereinstimmen. In solchen Fällen verfehlt man zwar die Entfaltung der Persönlichkeit, kann aber durchaus äußere Erfolge vorweisen.

Keine falschen Erfolge anstreben

Der Idealzustand besteht dann, wenn die angestrebten Erfolge mit den individuellen Fähigkeiten und Möglichkeiten im Einklang stehen. Positives Denken kann dazu beitragen, bietet aber keine Gewähr dafür.

Idealzustand

Heutzutage steht häufig der äußere, meist auch in Euro und Cent auszudrückende Erfolg im Vordergrund.

Heute steht meist der äußere Erfolg im Vordergrund

Im Umkehrschluß ergibt sich daraus, daß man auf ganz persönliche Weise, die nichts mit der vorherrschenden Vorstellung von Erfolg gemein hat, erfolgreich sein kann. Aber dazu gibt es keine Rezepte, diesen Weg muß jeder für sich gehen. Die hier vorgestellten Techniken mögen ihr Teil dazu beitragen, allein genügen sie wohl selten.

Bedingungen für Erfolge

Wenn Menschen beklagen, daß sie nie eine echte Chance im Leben erhielten, mag das durchaus zutreffen. Es gibt Schicksalsschläge, denen man mit positivem Denken auch nicht entgehen kann. Häufiger täuschen sie sich mit ihrer Klage allerdings selbst. Das enthebt sie der unangenehmen Einsicht, daß sie sehr wohl immer wieder Chancen erhielten, diese aber nicht erkannten und nutzten. Dagegen kann man mit positivem Denken angehen.

Klagen über keine Chancen im Leben

Oft wurden Chancen nicht erkannt

Das setzt aber voraus, daß man sich nicht länger über das vermeintlich ungerechte Schicksal beschwert, sondern aktiv beginnt, einen neuen Weg zu beschrei-

Aktiv einen neuen Weg beschreiten

ten. Anders ausgedrückt heißt das, man muß die negative Vorstellung überwinden, daß man nie eine Chance bekommt. Andernfalls kann man sie nicht erkennen und erst recht nicht wahrnehmen.

Negative Vorstellung überwinden

Wenn diese Grundvoraussetzung nicht erfüllt wird, nützt es wenig, positive Gedanken zu entwickeln. Sie werden über kurz oder lang wieder vom »Gift« der negativen Vorstellungen zerfressen.

Andere Bedingungen für Erfolg

Die anderen Bedingungen für Erfolge lassen sich meist einfacher erzeugen. Es fällt schwer, eine Auswahl dieser Voraussetzungen anzugeben, denn sie hängen immer mit von den individuellen Lebensumständen ab. Die folgenden treffen wahrscheinlich für die Mehrzahl der Menschen mehr oder minder deutlich zu:

Notwendige Kenntnisse und Fähigkeiten besitzen

- Erfolge sind nur möglich, wenn man die notwendigen Kenntnisse und Fähigkeiten besitzt oder erwirbt. Mißerfolge werden geradezu »vorprogrammiert«, wenn diese Bedingung nicht geschaffen wird. Dabei darf man aber nicht allein auf die bereits bekannten Anlagen und Fähigkeiten setzen. Lernen und positives Denken können Möglichkeiten eröffnen, die weit darüber hinausgehen. Wer seine Grenzen von Anfang an zu eng zieht, sich nicht traut, über den eigenen Schatten zu springen, beschränkt unnötig seine Erfolgsaussichten.

Vertrauen in sich selbst

- Wenn Fähigkeiten und Kenntnisse ausreichend vorhanden sind, muß als weitere Bedingung das Vertrauen in sich selbst gestärkt werden. »Ich kann das!« Mit dieser Grundeinstellung und den erforderlichen Fähigkeiten und Kenntnissen bessern sich die Erfolgschancen deutlich.

Auswahl der Möglichkeiten

- Aus den vorhandenen individuellen Voraussetzungen ergeben sich häufig mehrere Möglichkeiten. Da man sie kaum – zumindest nicht gleichzeitig – alle nutzen kann, muß eine Auswahl getroffen werden. Sie soll Fähigkeiten und Kenntnisse ebenso wie Interessen, Neigungen und Bedürfnisse berücksichtigen. Dieser Auswahlprozeß endet damit, daß man sich ein Ziel (selten mehrere) setzt und voll darauf konzentriert. Später, wenn es erfolgreich realisiert wurde, sucht man in gleicher Weise nach neuen Zielen.

- Schließlich ist auch noch die ausreichende Motivation ungemein wichtig. Dazu verbindet man mit dem angestrebten Ziel positive Vorstellungen und Erwartungen, die stark genug sind, um auch bei Problemen durchzuhalten. So kann man sich beispielsweise vorstellen, wie viel mehr man die Freizeit genießt, wenn man in einen weniger anstrengenden, nicht so zeitintensiven Beruf wechselt.

Ausreichende Motivation

Abgesehen davon gibt es noch zahlreiche individuelle Erfolgsbedingungen, zum Beispiel Persönlichkeit, Charakter, Herkunft und Biographie. Darauf kann im Rahmen eines Buchs naturgemäß nicht eingegangen werden.

Individuelle Erfolgsbedingungen

Körperliche Leistungssteigerung

Das körperliche Leistungsvermögen kann man durch positives Denken nicht direkt beeinflussen. Was man körperlich zu leisten vermag, hängt in erster Linie von der persönlichen Kondition und Motivation ab. Durch positive Gedanken kann das konsequente Training ebenso wie die Motivation unterstützt und gesteigert werden. Auf diese Weise gelingt es also doch, das körperliche Leistungsvermögen zu verbessern.

Kann durch positives Denken nicht direkt beeinflußt werden

Allerdings ist dabei etwas Vorsicht geboten. Positive Vorstellungen wirken zum Teil so stark, daß die Leistungsmotivation zur Überforderung der Leistungsfähigkeit führt. Daher empfiehlt es sich, erst dann mit dem Training zu beginnen, wenn ein erfahrener Mediziner die Leistungskraft und ihre Grenzen ermittelt hat. Wenn er das Training danach weiter begleitet, kann er die Trainingsintensität allmählich dem wachsenden Leistungsvermögen anpassen.

Vorsicht ist geboten vor Überforderung

Nachlassende körperliche Leistungskraft

Nachlassende körperliche Leistungskraft entsteht aus verschiedenen individuellen Ursachen. Zu wenig körperliche Aktivität und altersbedingte Einschränkung der Leistungsfähigkeit stehen wohl im Vordergrund und lassen sich durch positives Denken innerhalb gewisser Grenzen bessern. Aber auch viele Erkrankungen, angefangen bei einer banalen Erkältung bis hin zur schweren Herzschwäche, können eine ursächliche Rolle spielen. Klarheit schafft erst die fachliche Untersuchung. Positives Denken kann zwar auch solche körperlichen Krankheiten günstig beeinflussen, aber keine Therapie ersetzen.

Positives Denken bei Erkrankungen falsch anwenden

Wer bei körperlichen Erkrankungen das positive Denken falsch anwendet, kann das Leistungsvermögen oft tatsächlich vorübergehend steigern. Damit ist jedoch das Risiko verbunden, daß man sich rasch überfordert, die bestehende Krankheit sich verschlimmert und die Schwäche in ausgeprägte Erschöpfung oder noch schlimmere Folgen übergeht. Im Zweifel muß immer der Therapeut zugezogen werden.

Von positiven Gedanken kann man bei Leistungseinschränkungen vor allem eine höhere Motivation erwarten.

Drohende Erschöpfung

Überdies können die Vorstellungen bei Schwäche- und Erschöpfungszuständen nach Krankheiten und Operationen die Regeneration beschleunigen.

Selbstheilungskräfte aktivieren

Zum Teil gelingt es auch, durch positives Denken die Selbstheilungskräfte des Körpers zur Vorbeugung oder zur Heilung der bestehenden Erkrankung zu aktivieren.

Da verschiedene Ursachen das Leistungsvermögen einschränken können, empfiehlt sich grundsätzlich eine individuelle positive Vorstellung. Wenn es schwer fällt, sie frei zu formulieren, kann man sich an einem der folgenden Beispiele orientieren:

Individuelle positive Vorstellungen

»Kraft und Energie durchströmen mich von Kopf bis Fuß – ich schaffe alles locker ohne Mühe.«

Bei körperlichen Schwächezuständen in der Rekonvaleszenz nach einer Erkrankung kann die folgende Variante besser helfen:

»Gesund und stark bin ich jeder Anstrengung gewachsen – spüre Kraft und Energie in ganzen Körper.«

Besteht noch eine Krankheit, die das körperliche Leistungsvermögen einschränkt, eignet sich auch die nachstehende Formulierung gut:

»Ich besiege die Krankheit, werde ganz gesund – mit Kraft und Energie gelingt mir alles.«

Jeder Schwächezustand kann beeinflußt werden

Nach einem dieser drei Beispiele läßt sich praktisch jeder Erschöpfungs- und Schwächezustand entsprechend der Ursachen beeinflussen. Dazu malt man sich dann in einer bildhaften Vorstellung noch aus, wie man zum Beispiel eine körperliche Anstrengung oder sportliche Leistung ohne Zeichen der Anstrengung vollbringt. Jede körperliche Aktivität, die man gut visualisieren kann, eignet sich für diese Technik.

Leistung muß im Rahmen des Möglichen bleiben

Allerdings gilt auch hier, daß die Leistung natürlich im Rahmen des Möglichen liegen muß. Ohne Training kann man beispielsweise nie ein schweres Gewicht stemmen, auch wenn man sich das noch so intensiv vorstellt, schon beim Versuch können ernsthafte Verletzungen eintreten.

Mentales Training speziell für Sportler

Vorbereitung und Begleitung sportlicher Aktivitäten

Die Formulierungen zur körperlichen Leistungssteigerung eignen sich auch gut zur Vorbereitung und Begleitung sportlicher Aktivitäten. Besonders empfehlenswert sind die bildhaften Vorstellungen, wenn man nach längerer Pause wieder mit einem Bewegungsprogramm beginnen will.

Mentale Übungen

Ein Teil der Profisportler begleitet das Training durch mentale Übungen. So wird die Leistungsfähigkeit und das Durchstehvermögen noch mehr gesteigert, das Verletzungsrisiko minimiert, der Wettkampfstreß leichter verkraftet und der Glaube an den eigenen Sieg gefestigt. Es spricht nichts dagegen, daß auch Hobbysportler sich dieser Methode bedienen.

Die Technik setzt voraus, daß man über ein gutes Vorstellungsvermögen verfügt, aber das kann ja bis zu einem gewissen Grad trainiert werden (s. S. 74).

Längere Bildfolge verwenden

Während man bei den einfacheren positiven Gedanken zur Leistungssteigerung nur schlaglichtartig einzelne bildhafte Vorstellungen entwickelt, verwendet man zum mentalen Training eine längere Bildfolge, vergleichbar einem Videofilm, der vor dem inneren Auge abgespielt wird. Das kann naturgemäß intensiver wirken, mit ein Grund, weshalb Profisportler die Methode bevorzugen.

Einen Wettkampf Schritt für Schritt im Geist durchgehen

Zur mentalen Vorbereitung auf einen Wettkampf geht man diesen Schritt für Schritt von Anfang bis Ende im Geist durch. So kann man sich beispielsweise ausmalen, wie man einen guten Start schafft, Schwierigkeiten auf dem Weg zum Ziel (etwa Hürden beim Laufen) problemlos bewältigt und schließlich als Sieger durch das Ziel geht. Am besten gelingt das, wenn man sich vorher die gesamte Wettkampfstrecke genau einprägt. Dann kann man sich zu jedem Punkt der Strecke konkret vorstellen, wie man sich dort optimal verhalten wird.

Wer dieses geistige Training gut beherrscht, bewegt sich beim Wettkampf unwillkürlich so, wie das vorher vor dem inneren Auge intensiv eingeprägt wurde.

Ungünstige Einflüsse können nicht stören

Ungünstige Einflüsse werden so in der Regel ausgeblendet und können sich nicht nennenswert störend auswirken.

Nun mag man dagegen einwenden, daß doch nicht jeder, der sich so vorbereitet, als Sieger enden kann. Das stimmt natürlich, aber das mentale Training sorgt dafür, daß man ohne Risiko der Überforderung sein Bestes gibt, also zumindest eigene Leistungshemmungen »besiegt«. Dadurch verbessern sich die Aussichten auf einen Sieg im Wettkampf erheblich.

Ohne Überforderung sein Bestes geben

Hobbysportler, die sich keinem Wettkampf stellen, verwenden andere bildhafte Vorstellungen zum mentalen Training. Sie können beispielsweise die optimalen Körperhaltungen und Bewegungsabläufe ihrer Sportart verinnerlichen. Das verbessert die Leistungsfähigkeit und vermindert das Risiko von Sportverletzungen.

Hobbysportler verwenden andere bildhafte Vorstellungen

Eine andere Möglichkeit besteht darin, sich jede Phase des Trainings vor dem inneren Auge auszumalen, damit sie dann in der Praxis besser gelingt. Es gibt also auch für Amateure genügend Anwendungsmöglichkeiten für das mentale Training.

Jede Phase des Trainings ausmalen

Unterstützend können sich Hobby- und Profisportler zum mentalen Training noch positive Gedanken einprägen. Für das Training eignet sich zum Beispiel die folgende Formulierung:

»Ich trainiere regelmäßig locker und kraftvoll, mit Lust und Freude – fühle mich wohl dabei – alles gelingt.«

Grundformeln für Sportler

Zur Vorbereitung auf einen Wettkampf kommt etwa die nachstehende Formel in Betracht:

»Sieg (oder Gegner) *vollkommen gleichgültig – ich gebe alles und erreiche mein Ziel.«*

Es mag widersinnig klingen, den Sieg oder Gegner als gleichgültig zu bezeichnen. Schließlich will man doch gerade den Gegner überwinden und siegen. Wer aber Gegner und Sieg zu viel Bedeutung beimißt, baut dadurch meist eine hohe innere Anspannung auf, die das Leistungsvermögen empfindlich beeinträchtigen und das Verletzungsrisiko erhöhen kann. Deshalb ist diese Formulierung nicht nur sinnvoll, sondern gehört sogar zu den wichtigsten.

Dem Gegner nicht zu viel Bedeutung beimessen

Geistiges Leistungsvermögen

Steigert positives Denken die Intelligenz?

Ob positives Denken tatsächlich die Intelligenz steigert, erscheint mehr als fraglich. Intelligenz hat mit Erfahrung, Wissen, Können und Fähigkeiten zu tun, die durch positive Vorstellungen nicht direkt beeinflußt werden können. Es gibt bisher aber auch keine Erkenntnisse, die eindeutig dagegen sprechen, die Frage muß offen bleiben.

Intellektuelles Potential ausschöpfen

Zur Intelligenz gehören allerdings auch Gedächtnis, Konzentration, Motivation und nicht zuletzt genügend Selbstvertrauen, um das intellektuelle Potential auszuschöpfen. Diese Komponenten lassen sich durch positives Denken durchaus beeinflussen. Zumindest indirekt ist es also doch möglich, die Intelligenzleistungen zu steigern.

Selbstverwirklichung und Lebensgestaltung

Von der geistigen Leistungsfähigkeit hängen auch Selbstverwirklichung und Lebensgestaltung mit ab. Das verbesserte Leistungsvermögen trägt deshalb allgemein zur Lebensqualität bei.

Gedächtnis- und Konzentrationsstörungen

Sieht man von schicksalhaften hirnorganischen Krankheiten (wie Alzheimer, Altersdemenz) ab, entsteht eine geistige Leistungsminderung am häufigsten durch Gedächtnis- und Konzentrationsstörungen. Diese beiden Bereiche sind enorm wichtig für geistige Leistungen. Aus dem Gedächtnis holt man das durch Lernen und Erfahrung früher erworbene Wissen, das für Leistung notwendig ist. Die Konzentration sorgt dafür, daß alle notwendigen Fähigkeiten auf eine bestimmte Leistung fokussiert werden und sich nicht ablenken lassen.

Positives Denken wirkt schneller und besser als Gedächtnisübungen

Gedächtnis- und Konzentrationsübungen kennt man seit langem. Allerdings dauert es meist geraume Zeit, bis eine Wirkung spürbar wird. Schneller und besser kann positives Denken helfen, am besten oft die Kombination spezieller Übungen mit positiven Gedanken. Jeder muß selbst ausprobieren, welche Methode ihm persönlich am meisten hilft.

Eine Formulierung wie »Gedächtnis/Konzentration

bessert sich von Tag zu Tag« klingt auf Anhieb sehr positiv und erfolgversprechend. Man kann damit tatsächlich die geistigen Leistungen steigern. Aber das Unbewußte folgt bekanntlich nicht der Logik, sondern führt häufig ein irrational anmutendes Eigenleben. Deshalb kann das Gegenteil eintreten, wenn man Gedächtnis und Konzentration in einer Formulierung direkt anspricht und sich eine Besserung vorstellt. Da sich die Reaktionen nie vorhersehen lassen, eignen sich indirekte Formulierungen meist besser, etwa nach den folgenden Beispielen:

»Gedächtnis bessert sich von Tag zu Tag«

»Ich bin und bleibe gesammelt und aufmerksam – Arbeit gelingt rasch und gut.«

Indirekte Formulierungen

Damit bessert man vor allem Konzentrationsprobleme. Bei Gedächtnisstörungen kann die Vorstellung wie folgt lauten:

»Ich merke und behalte alles – Erinnerung gelingt jederzeit gut und vollständig.«

Bestehen Gedächtnis- und Konzentrationsstörungen gleichzeitig, kombiniert man die beiden positiven Gedanken, zum Beispiel:

»Ich bin und bleibe gesammelt und aufmerksam, merke und behalte alles – Erinnerung gelingt jederzeit gut und vollständig – Arbeit geht flott voran.«

Nach diesen Musterformeln kann man bei Bedarf eine individuelle Vorstellung ausarbeiten, die der persönlichen Situation gerecht wird.
Häufig wird die geistige Leistungsfähigkeit durch Mangel an Selbstvertrauen und/oder Motivation gemindert. Auch dagegen bewähren sich positive Gedanken bestens. Das Vertrauen in die eigene Leistungsfähigkeit kann zum Beispiel auf folgende Weise gefördert werden:

Formel für Vertrauen in die eigene Leistungsfähigkeit

»Ich arbeite leicht und gut, gesammelt und aufmerksam – alles gelingt immer – ich schaffe alles, erreiche meine Ziele.«

Die Leistungsmotivation läßt sich beispielsweise durch folgende positive Gedanken verbessern:

Formel für Leistungsmotivation

»Arbeit macht Spaß und zufrieden, gelingt leicht und gut – ich halte durch, arbeite mit Lust und Freude.«

Ungeliebte Aufgaben

Nun gibt es aber auch Aufgaben, die man selbst mit Hilfe positiver Gedanken nicht mit Lust und Liebe erfüllen kann. Ehe man sich lang und vergebens darum bemüht, stellt man sich besser vor:

»Arbeit vollkommen gleichgültig – ich arbeite, so gut ich kann, bin zufrieden mit mir.«

Indifferenzformel

Die Indifferenzformel »... vollkommen gleichgültig« sorgt dafür, daß man nicht unter einer ungeliebten Arbeit leidet, sondern sie einfach als notwendig hinnimmt. Überdies verhindert man damit Frustrationen, die durch mangelnde Selbstverwirklichung bei der Arbeit drohen. Die im Beruf nicht zu realisierenden Anlagen, Fähigkeiten, Bedürfnisse und Ziele werden außerhalb des Arbeitsplatzes verwirklicht.

Entspanntes Verhältnis zur Arbeit

Sicher führt das nicht zu einer guten Arbeitsmoral, entspannt aber das Verhältnis zur Arbeit und vermindert dadurch chronischen Streß, der viele Erkrankungen begünstigt.

Abbau der inneren Anspannung

Manchmal trägt der Abbau der inneren Anspannung sogar dazu bei, daß man der Arbeit schließlich doch noch auch gute Seiten abgewinnen kann. Wer sich mit seiner unbefriedigenden beruflichen Situation nicht auf Dauer arrangieren will, überbrückt mit der Indifferenzformel wenigstens die Zeit, bis die Problematik gelöst wird.

Als bildhafte Vorstellung zu den verschiedenen positiven Gedanken eignet sich oft ein Bild, das man von sich selbst vor dem inneren Auge entwickelt. Dann kann man sich in die entsprechenden Situationen versetzen, sich zum Beispiel bei der konzentrierten Arbeit beobachten oder zu visualisieren, wie man eine Aufgabe erfolgreich bewältigt hat. Geübten gelingt es sogar, zu den Vorstellungen von Ruhe oder Konzentration spezielle Bilder zu entwerfen.

Bildhafte Vorstellung bei unbefriedigender Arbeit

Bei einer unbefriedigenden Arbeit kann man sich zunächst bildhaft bei dieser Tätigkeit sehen. Dann stellt man sich als »Gegengewicht« vor, wie eigene Bedürfnisse in der Freizeit realisiert werden. Oder man entwickelt eine Vorstellung dazu, wie man eine ungeliebte Arbeit routinemäßig einfach »abspult«. Auch hier gilt wieder, individuell optimale bildhafte Vorstellungen zu entwickeln, um die wörtlichen Formulierungen zu ergänzen und zu verstärken.

Richtiges Streßmanagement

Streß ist notwendig

Streß richtig managen

Ein Leben ohne Streß ist weder möglich noch wünschenswert, es würde bald selbst zum Streßfaktor. Vielmehr gilt es zu lernen, den unvermeidlichen Streß richtig zu managen. Dann stellt er kein Krankheitsrisiko dar, sondern fördert Kreativität, Leistungsfähigkeit und letztlich indirekt auch die Lebensqualität.

> Positives Denken trägt dazu bei, indem es hilft, unnötigen Streß zu vermeiden und überschießende Streßreaktionen rascher abzubauen.

Positive Gedanken für die Streßbewältigung

Da fast jeder irgendwann einmal an zu hohem und/oder chronischem Streß leidet, ist es sinnvoll, positive Gedanken für die Streßbewältigung vorsorglich in die tägliche Gesundheitspflege aufzunehmen. Das gilt nicht nur für Menschen mit hohem Leistungs- und Verantwortungsdruck, auch Hausfrauen,

Rentner, Studenten, Schüler, ja sogar schon Kinder im Vorschulalter leiden heutzutage an schädlichem Streß.

Verbessert wird die Wirkung der positiven Gedanken gegen Streß, wenn man gleichzeitig durch positives Denken die Leistungsfähigkeit (s. S. 113 ff.) steigert.

Bessere Leistungsfähigkeit entschärft Streß

Ein besseres Leistungsvermögen kann nämlich den Streß häufig entschärfen.

Bei akutem Streß ist es besonders wichtig, die Reaktionen darauf einzudämmen, damit sie keine körperlichen Schäden anrichten. Dazu eignet sich eine Vorstellung wie:

Formel bei akutem Streß

»Ruhe und Gelassenheit kehren bei mir ein – ich schaffe alles mit kühlem, klarem Kopf.«

Diese Formulierung normalisiert überschießende Streßreaktionen rasch. Allerdings setzt das voraus, daß positives Denken regelmäßig betrieben wird, sonst kann es nicht schnell genug wirken. Zusätzlich empfiehlt es sich, nach dem akuten Streß so bald wie möglich für körperliche Anstrengung zu sorgen (wie flottes Gehen, Joggen, Radfahren), damit die als Reaktion auf den Streß mobilisierten Energien verbraucht werden, ehe sie sich gegen den eigenen Körper richten.

Körperliche Anstrengungen sind wichtig gegen Streß

Um die Streßtoleranz dauerhaft zu erhöhen, eignet sich zum regelmäßigen Training eine Formulierung nach folgendem Beispiel:

Formel zur Erhöhung der Streßtoleranz

»An jedem Ort, zu jeder Zeit, bei jeder Gelegenheit bewahre ich Ruhe und Gelassenheit – ich schaffe alles.«

Unproduktiven Streß vermeiden

Zum richtigen Streßmanagement gehört außer positivem Denken auch noch der Versuch, unproduktiven Streß von vornherein zu vermeiden, weil er nicht zur Lösung von Aufgaben, Problemen und Konflikten beiträgt. Ferner sollten alle Arbeiten, die man nicht selbst erledigen muß, delegiert werden. Dafür gibt es keine speziellen positiven Formulierungen, diese Voraussetzungen werden mit dem gesunden Menschenverstand geschaffen.

Arbeiten delegieren

Leichter lernen ohne Schulangst

Voraussetzungen für Lernerfolg

Auch der Lernerfolg im Schulunterricht setzt gute Gedächtnis- und Konzentrationsfähigkeit, ausreichend Motivation und Selbstvertrauen voraus. Wenn auch nur einer dieser Faktoren nicht ausreichend vorhanden ist, fällt das Lernen unnötig schwer, wird zum schädlichen Streß und weckt Frustrationen und Versagensängste. Als Folge verschlechtert sich die schulische Leistung häufig weiter, das Selbstwertgefühl leidet, Aggressivität und Drogen- oder Alkoholprobleme können als Reaktionen eintreten.

Ursachen für schulische Probleme

Zum Teil sind die Ursachen hierfür in den Strukturen der Schule zu suchen, teilweise ergeben sie sich aus den Lebensbedingungen in der modernen Industriegesellschaft. Hinzu kommen zahlreiche individuelle Probleme und Konflikte, unter anderem in der Familie.

Die allgemeinen Lebensbedingungen und schulische Strukturen lassen sich durch positives Denken nicht verändern. Eher gelingt das bei den individuellen Faktoren von Lernschwäche und Schulstreß. Sobald sich die Lern- und Leistungsfähigkeit wieder bessert, nimmt häufig auch der Streß deutlich ab. Schule und Lernen können dann sogar wieder Spaß machen und Erfolgserlebnisse vermitteln.

Lernschwäche und Schulstreß

Positives Denken bei leicht zu beeinflussenden Ursachen

Das positive Denken setzt bei den leicht zu erkennenden und zu beeinflussenden Ursachen schulischer Probleme an: Gedächtnis-, Konzentrationsschwäche, ungenügende oder fehlende Motivation, zum Teil auch mangelndes Selbstvertrauen.

Dagegen kann man bereits in den ersten Schulklassen positive Vorstellungen entwickeln. Gerade in dieser

Schon in den ersten Klassen positive Vorstellungen entwickeln

frühen Phase der schulischen Karriere sprechen Kinder oftmals besonders gut auf die bildhaften Vorstellungen an. Dadurch werden Fehlentwicklungen rechtzeitig korrigiert, ehe sie später zu ernsteren Problemen ausarten.

Möglichst zusammen mit den Eltern

Gut bewährt es sich, wenn die Eltern oder ein Elternteil gemeinsam mit dem Kind positive Gedanken einüben. Das setzt natürlich voraus, daß die Erwachsenen selbst positiv denken, sonst können sie den Kindern kein gutes Vorbild geben.

Die zur geistigen Leistungsfähigkeit bereits vorgestellten Formulierungen (s. S. 118 ff.) eignen sich grundsätzlich auch bei schulischen Problemen. Die folgenden Beispiele können Kinder aber vielleicht mehr ansprechen, das können nur die Eltern beurteilen.

Formeln für Kinder

Bei Gedächtnis- und Konzentrationsstörungen, die häufig gemeinsam bestehen, können nachstehende Formulierungen hilfreich sein:

»Ich lerne gerne, wach und aufmerksam – nichts lenkt mich dabei ab.«

Gegen Gedächtnisschwäche kommt eine Vorstellung nach folgendem Muster in Betracht:

»Ich lerne gerne, behalte alles im Kopf – nichts wird vergessen, ich erinnere mich jederzeit.«

Bei kombinierten Gedächtnis- und Konzentrationsstörungen verbindet man die beiden Formulierungen, zum Beispiel wie folgt:

»Ich lerne gerne, wach und aufmerksam – nichts lenkt mich ab – behalte alles im Kopf und erinnere mich jederzeit.«

Wenn Lernstörungen und Schulstreß durch mangelnde Motivation entstehen, kann das folgende Beispiel Abhilfe schaffen:

»Ich lerne gerne, neugierig und interessiert – Lernen macht Spaß, ich lerne leicht und gut.«

Mangelt es an Vertrauen in die eigene Leistungsfähigkeit, wird eine Vorstellung nach folgendem Muster angebracht sein:

»Ich lerne gerne und leicht, neugierig und interessiert – Lernen gelingt, ich kann das und erreiche meine Ziele.«

Anhand dieser Beispiele können Eltern gemeinsam mit dem Kind die individuell am besten geeigneten Formulierungen finden und passende bildhafte Vorstellungen dazu entwickeln. Kindern gelingt das meist noch leichter als Erwachsenen.

Am besten geeignete Vorstellungen

Am ehesten eignen sich Vorstellungen, bei denen sich das Kind selbst so sieht, wie es den verbalen Formulierungen entspricht, also zum Beispiel beim eifrigen, konzentrierten Lernen. Man sollte aber keine engen Vorgaben machen, sondern der kindlichen Phantasie freien Lauf lassen, dann entwirft sie das individuell am besten geeignete Bild.

Kindliche Phantasie ist wichtig

Gesund durch positives Denken

Erhaltung oder Wiederherstellung der Gesundheit

Zu den wichtigsten Anwendungsgebieten des positiven Denkens gehört die Erhaltung oder Wiederherstellung der Gesundheit. Nicht selten gehen erst von positiven Vorstellungen die entscheidenden Impulse zur Heilung aus, weil die Gedanken und Bilder andere Therapien unterstützen und verstärken.

Bei ernsteren Krankheiten kann positives Denken helfen

Gerade bei ernsteren Krankheiten, etwa Krebstumoren, trägt positives Denken erheblich mit zum Behandlungserfolg bei, wie wissenschaftliche Studien zweifelsfrei belegen. Und wenn Heilung nicht mehr möglich ist, können positive Gedanken wenigstens die Lebensqualität chronisch Kranker spürbar und dauerhaft verbessern.

Risiko der eingebildeten Gesundheit

Allerdings muß man sich immer des Risikos bewußt bleiben, daß positives Denken zur »eingebildeten Gesundheit« führen kann. Subjektiv fühlt man sich dann gesund, obwohl die Erkrankung unbemerkt fortschreitet. Um das zu verhüten, soll jede nicht banale Krankheit regelmäßig fachlich überwacht werden.

Therapie wird wirksam verbessert

Positive Gedanken können und wollen keine Therapie ersetzen, sondern deren Wirksamkeit verbessern. Wer das beachtet, läuft nie Gefahr, sich durch positive Vorstellungen selbst zu schaden.

Gesundheit – unser höchstes Gut

Gesundheit ist wichtig für Glück und Lebensqualität

Jeder Mensch definiert Glück und Lebensqualität auf seine Weise. Aber wohl alle sind sich einig, daß der Gesundheit dabei maßgebliche Bedeutung zukommt. Selbstverwirklichung und die gesamte Palette individueller Bedürfnisse, Wünsche und Ziele, wonach alle streben, lassen sich bei guter Gesundheit leichter realisieren, das Leben kann man als Gesunder ungetrübter genießen. Mithin ist es keine Übertreibung, Gesundheit als höchstes Gut zu bezeichnen. Kein Reichtum, kein Erfolg kann ihren Rang einnehmen.

Auch Kranke erleben Glück und Erfüllung

Das darf nicht mißverstanden werden: Selbstverständlich erleben auch kranke Menschen Glück, Lebensqualität und Erfüllung, zum Teil sogar intensiver als Gesunde. Dafür gibt es beeindruckende Beispiele. Die Krankheit kann dabei zu einem starken Motiv werden.

Trotzdem werden Glück und Lebensfreude, Erfolge und Selbstverwirklichung wohl immer mehr oder minder stark von einer Erkrankung überschattet. Das hängt naturgemäß vor allem davon ab, welche Krankheit besteht, welche Beschwerden damit verbunden sind und wie gut die Betroffenen mit ihrem Schicksal umzugehen verstehen.

Positives Denken kann auf mehrfache Art und Weise dazu beitragen, unser höchstes Gut zu erhalten und zu pflegen oder wieder herzustellen.

Prophylaxe

Im Vordergrund sollte dabei die Prophylaxe stehen, denn es ist immer am günstigsten, überhaupt nicht zu erkranken. Allerdings gelingt die Vorbeugung nicht immer, ab und zu wird auch der Gesündeste einmal krank. Dann sorgen positive Vorstellungen und Gedanken dafür, daß die Erkrankung bald wieder überstanden ist.

Chronische Krankheit

Gelingt die Heilung nicht, entsteht eine chronische Krankheit. Dann soll positives Denken vornehmlich helfen, mit dem Leiden so gut wie möglich zurechtzu-

kommen, damit Lebensqualität und Lebensfreude nicht übermäßig eingeschränkt werden.
Man mag hier einwenden, daß viele Menschen auch ohne Training positiver Gedanken gesund bleiben. Richtig ist, daß die positiven Vorstellungen in solchen Fällen nicht bewußt eingeübt werden müssen, weil die Betreffenden auch ohne dieses Training überwiegend positiv denken.
Außerdem gibt es ja noch eine Reihe anderer Faktoren, die mit über Gesundheit oder Krankheit entscheiden, etwa die mehr oder weniger günstige Veranlagung. Wer eine stabile Gesundheit »geerbt« hat, kann sich bis zu einem gewissen Grad auch negative Gedanken erlauben, ohne deshalb zu erkranken. Besser wäre es trotzdem, die »gute Erbmasse« durch positive Vorstellungen zu unterstützen.

Veranlagung

Positive Gedanken als »Allheilmittel«?

Die Wirkstoffe von Arzneimitteln können immer nur bestimmte Beschwerden beeinflussen. Manche verfügen über ein breites Wirkungsspektrum und sind bei mehreren Krankheiten angezeigt, andere dagegen eignen sich als Spezialisten nur für eine einzige Erkrankung. Aber es gibt kein einziges Medikament, das als Allheilmittel bei praktisch allen Gesundheitsstörungen angewendet werden könnte.

Kein Medikament ist ein Allheimittel

Früher waren solche Universalmittel gebräuchlich und fanden viele begeisterte Patienten. Oft enthielten die Flaschen aber nichts weiter als gefärbtes Wasser. Wenn sie trotzdem wirkten, zum Teil sogar als eine Art Allheilmittel, dann erklärt sich das ganz einfach aus der Macht positiver Erwartungen und Vorstellungen der Patienten.
Heute sind die Menschen besser informiert und kritischer. Wer versucht, ein Allheilmittel zu vertreiben,

findet zwar immer noch genügend »Gläubige«, häufig wird er aber als Scharlatan beurteilt und bleibt auf seinen fragwürdigen Produkten sitzen.

Aus diesem Grund fällt es schwer, das positive Denken als Allheilmittel für Körper, Geist und Psyche zu bezeichnen. Zu tief sitzt das (oft berechtigte) Mißtrauen gegen ein so breites Anwendungsspektrum. Ein übliches Arzneimittel könnte das in der Tat nie leisten.

Mißtrauen gegen Allheilmittel

Beim positiven Denken handelt es sich aber nicht um ein Medikament im eigentlichen Sinn, dessen Wirkstoffe sich gegen bestimmte krankhafte Störungen richten.

Positives Denken ist kein Medikament im eigentlichen Sinn

Die »Wirkstoffe« des positiven Denkens sind Erwartungen und Vorstellungen, die körperliche und seelisch-geistige Selbstheilungsregulationen aktivieren. Deshalb sind sie tatsächlich in der Lage, praktisch jede Gesundheitsstörung positiv zu beeinflussen.

Sei es nun eine banale Infektion oder eine schwere Krebskrankheit, mit Hilfe positiver Gedanken lassen sich die Selbstheilungskräfte darauf konzentrieren. Das kann bereits zur Heilung genügen. Meist ergänzt man aber auf diese Weise die üblichen anderen Heilverfahren.

Konzentration der Selbstheilungskräfte durch positives Denken auf Krankheiten

Allerdings kann nicht jede Erkrankung durch positive Erwartungen und Vorstellungen geheilt werden. Zum Teil tritt nur Linderung ein, oder der Krankheitsverlauf kommt zum Stillstand, in seltenen Fällen beobachtet man überhaupt keine Wirkung. Das hängt unter anderem von der Art der Krankheit und von individuellen Faktoren ab, auf die hier nicht weiter eingegangen werden muß.

Ärzte »alter Schule« sprechen manchmal noch etwas abschätzig von dieser Form der Therapie, selbst wenn sie zur Heilung führte. Das klingt dann fast, als gäbe es eine Art »Heilung 2. Klasse«. Dies ist vollkommen

Nicht verunsichern lassen

unberechtigt, man darf sich durch solche Unvernunft nicht verunsichern lassen.

Ganzheit von Körper und Seelenleben

Die Frage, ob man Körper und Psyche als Ganzheit oder als voneinander getrennte Bereiche verstehen muß, beschäftigte die Philosophie seit Jahrtausenden. Die Antwort ist natürlich auch für Medizin und Psychologie von großer Bedeutung.

Ganzheitstheorie hat sich durchgesetzt

Vor allem dank der jahrzehntelangen Forschungsarbeit der psychosomatischen Medizin hat sich mittlerweile die Ganzheitstheorie durchgesetzt. Allerdings gibt es immer noch Gegner, die weiterhin von einer Trennung der beiden Bereiche ausgehen.

Beweise

Inzwischen liegen handfeste Beweise dafür vor, daß Körper und Seelenleben eine Einheit bilden, ständig miteinander in Wechselbeziehung stehen. Diese objektiven Erkenntnisse beruhen auf der Arbeit von Gehirnforschern, Medizinern, Psychologen, Biochemikern und verwandten Berufsgruppen. Insbesondere die noch junge Neuro-Psycho-Immunologie, die sich mit den psychischen Wirkungen auf das Abwehr- (Immun-)system befaßt, trug viel dazu bei. Unter anderem konnte im Elektronenmikroskop nachgewiesen werden, daß Nervenzellen als Übermittler psychischer Impulse unmittelbar mit Immunzellen kommunizieren und kooperieren. Ebenfalls zweifelsfrei belegt wurde, daß die Immunfunktionen zum Beispiel durch zu hohen oder chronischen Streß erheblich geschwächt werden. Auch dafür gibt es als Erklärung nur die Ganzheitstheorie der Psychosomatik.

Neuro-Psycho-Immunologie

Immunfunktionen werden durch hohen Streß geschwächt

Wirkung positiver Gedanken

Aus der Theorie von der Körper-Seele-Einheit leitet sich die Wirkung positiver Gedanken her. Jeder Gedanken, jedes Gefühl, jede Vorstellung und Erwartung geht mit Veränderungen im Gehirn und Nervensystem einher. Über die Nerven, teilweise auch auf biochemischem Weg (durch Hormone, Neurotransmitter), können sich die seelisch-geistigen Regungen jeder einzelnen Körperzelle mitteilen und ihre Funktionen verändern.

Daraus ergibt sich auch, weshalb positives Denken als Allheilmittel wirkt. Ob die Abwehrzellen Bakterien, Viren und andere Erreger vernichten, ob die Leber mit Giftstoffen aus dem Stoffwechsel oder aus der Umwelt fertig werden muß, ob das Herz langsamer oder schneller schlägt, alles das und noch viel mehr hängt mit von der Psyche ab. Theoretisch läßt sich daher jede Krankheit durch positive Gedanken heilen, praktisch gelingt das allerdings nicht immer. Noch ist das Wissen um diese Zusammenhänge unvollständig, stehen die Forschungen erst am Anfang. Aber was wir bereits wissen genügt, um die Wirksamkeit positiver Gedanken objektiv zu untermauern. Wer anderes behauptet, verfügt entweder nicht über neuere medizinisch-psychologische Kenntnisse oder ist nicht bereit, sich neuen Erkenntnissen zu öffnen.

Theoretisch heilen positive Gedanken jede Krankheit

Die Forschungen stehen erst am Anfang

Abwehr- und Selbstheilungskräfte

Das Leben auf der Erde wäre längst ausgestorben, wenn die verschiedenen Lebensformen nicht alle über hochwirksame Abwehr- und Selbstheilungsregulationen verfügten. Schon im Pflanzenreich gibt es solche lebenserhaltenden Funktionen, bei Mensch und Tier kommen sie noch ausgeprägter vor.

Alle Erkrankungen kann das Lebenserhaltungssystem aber nicht verhindern. Zwischendurch wird es immer wieder einmal von Infektionen oder anderen Krankheitsursachen überrumpelt. Wir wären aber sehr viel häufiger (dauernd) krank, wenn das Immunsystem nicht die meisten Krankheitsfaktoren erfolgreich ab-

Alle Erkrankungen können nicht verhindert werden

Wir wären häufiger krank, wenn das Immunsystem nicht erfolgreich wäre

wehrte. Schließlich leben wir in einer Umwelt, in der es von Erregern nur so wimmelt; heutzutage kommen noch zahlreiche Giftstoffe hinzu.

Aufgabe der Selbstheilungsregulationen

Wenn die Barriere der Abwehrfunktionen überrannt wurde, treten die Selbstheilungsregulationen auf den Plan. Deren Aufgabe besteht darin, die Schäden zu begrenzen und zu reparieren. Im Idealfall bleiben keine Folgen der Krankheit zurück.

Gelingt das nicht vollständig, werden krankhafte Veränderungen möglichst eingegrenzt, um den übrigen Körper zu schützen. Dann entsteht eine chronische Erkrankung oder ein latenter Krankheitsherd, der durch Fernwirkung in anderen Körperregionen zu erheblichen Beschwerden führen kann.

Folgen chronischer Krankheiten werden durch positives Denken günstig beeinflußt

Die Folgen chronischer Krankheiten lassen sich durch positives Denken günstig beeinflussen. Setzt man den Erkrankungen die Kraft der positiven Erwartungen entgegen, können zum Beispiel die dauernden Beschwerden leichter ertragen werden. Und vielleicht gelingt es irgendwann doch noch, mit Hilfe des positiven Denkens ein chronisches Leiden vollständig auszuheilen. Das richtet sich stets nach den individuellen Umständen.

> Grundsätzlich ist die Heilung meist möglich, wenn der chronisch Kranke in der Lage ist, vor dem inneren Auge positive Bilder zu entwickeln.

Simonton-Methode

Ein gutes Beispiel dafür, wie das Immunsystem durch bildhafte Vorstellungen aktiviert werden kann, verdanken wir der aus den USA stammenden *Simonton-Methode*. Ursprünglich wurde sie zur Psychonkologie (griech. psycho = Seele, Gemüt; griech. onkos = Umfang, Größe, Geschwulst) entwickelt, um Tumorkrankheiten über das Seelenleben günstig zu beeinflussen, aber es spricht nichts dagegen, sie auch gegen andere Erkrankungen einzusetzen.

Wirksamkeit der Krebsbegleittherapie

Die Wirksamkeit der Simonton-Krebsbegleittherapie

steht außer Frage, die Lebenserwartung konnte damit um 50–100 % erhöht werden, und das bei besserer Lebensqualität.

Um das Immunsystem gezielt gegen die Krankheit zu aktivieren, verwendet man bei der Simonton-Methode zum Beispiel die Vorstellung, daß zwischen Tumorzellen und Abwehrstoffen ein »Krieg« ausgefochten wird. Die Tumorzellen kann man als feindliche Soldaten visualisieren, die von den »guten« Soldaten des Immunsystems attackiert und vernichtet werden. Zugegeben, ein martialisches Bild, das aber die Realität des Abwehrkampfs recht gut widerspiegelt – und vor allem hilft.

»Krieg« zwischen Tumorzellen und Abwehrstoffen

Wer sich damit nicht anfreunden kann, findet sicher auch andere Vorstellungen, die weniger drastische Bilder entwickeln, aber ähnlich gut wirken. Geeignet wäre beispielsweise noch, die Abwehrzellen als Polizei zu visualisieren, die Krebszellen jagt und einsperrt oder vernichtet, damit sie nicht mehr schaden können.

Abwehrzellen als Polizei visualisiern

Geeignet sind alle Vorstellungen, die sich am Sinn der obigen Bilder orientieren, also immer veranschaulichen, wie das Immunsystem gegen die Krankheitsursachen kämpft und gewinnt.

Vorbeugung von Krankheiten

Die regelmäßige Gesundheitsvorsorge soll verhindern, daß eine Krankheit entsteht, oder zumindest dafür sorgen, daß eine nicht zu verhütende Erkrankung möglichst rasch und ohne Komplikationen ausheilt.

Ziele der Gesundheitsvorsorge

Im Einzelfall kann es auch notwendig sein, durch gezielte Vorbeugung ungünstige Veranlagungen zu bestimmten Krankheiten so zu beeinflussen, daß sie nicht eintreten.

Vorsorge verhütet nicht jede Krankheit

In der Regel kann die Vorsorge nicht jede Gesundheitsstörung verhüten, ab und zu erkrankt wohl jeder an einer akuten banalen Infektion. Das wichtigste Ziel der Vorbeugung besteht darin, die ernsteren Erkrankungen zu vermeiden.

Positives Denken allein genügt nicht zur Vorsorge
Lebensgrundeinstellung

Positives Denken allein genügt nicht zur Vorsorge. Vielmehr gehört dazu eine Art Lebensgrundeinstellung, die sich auf alle Lebensbereiche auswirkt. Unter anderem trägt sie dazu bei, daß man sich

- gesundheitsbewußter ernährt, ausreichend bewegt und abhärtet,
- in Harmonie mit sich selbst und anderen lebt,
- Überforderung und Dauerstreß im Beruf ausschaltet,
- Risikofaktoren wie Rauchen und zu hohen Alkoholkonsum vermeidet.

> Das positive Denken kann die vorbeugende Wirkung solcher Maßnahmen wesentlich verbessern, den Verzicht auf schädliche Genußmittel erleichtern und nicht zuletzt gut zur regelmäßigen Vorsorge zu motivieren.

Beispiel Raucherentwöhnung

Ein Beispiel soll das veranschaulichen: Wenn man den Nikotinverzicht mit positiven Erwartungen verbindet, wie reinere Haut, keine Atemnot, kein Husten und bessere Leistungsfähigkeit, gelingt die Entwöhnung in der Regel leichter und zuverlässiger, als wenn man sich die schädlichen Folgen des Rauchens vor Augen hält. Schließlich weiß inzwischen jeder, daß Rauchen schwere Gesundheitsschäden verursachen kann. Mittlerweile wird darauf ja auch mit drastischen Worten auf den Verpackungen hingewiesen, aber das hält nicht so viele, wie erhofft und gewünscht wird, auf Dauer vom Rauchen ab. Wenn Lernprozesse wie die Raucherentwöhnung von Angst begleitet werden, provoziert das nämlich häufig innere Widerstände, die stärker als die Angst sind.

Ganz anders verhält es sich, wenn man das Leben nach der Entwöhnung positiv visualisiert, sich also alle Vorteile des Rauchverzichts vorstellt. In diesen Bildern erkennt man bereits die Belohnung für den Verzicht, und das motiviert eben weit besser als die Angst zur Entwöhnung. (Aus diesem Grund wäre es übrigens auch sinnvoller gewesen, auf den Zigarettenpackungen nicht die Angst zu schüren, sondern die persönlichen Vorteile und Annehmlichkeiten des Nikotinverzichts aufzuzeigen, das führte zweifellos zu besseren Ergebnissen dieser Kampagne.)

Leben nach der Entwöhnung positiv visualisieren

Die spezifische Vorbeugung einzelner Erkrankungen mit Hilfe positiver Gedanken ist nur dann möglich, wenn man ein bestimmtes Krankheitsrisiko bereits kennt. Es kann beispielsweise familiär gehäuft auftreten, oder bei einer fachlichen Untersuchung werden entsprechende Risikofaktoren diagnostiziert. In solchen Fällen formuliert man zielgerichtete Vorstellungen gegen dieses konkrete Krankheitsrisiko.

Krankheitsrisiko muß bekannt sein

Zielgerichtete Vorstellungen

Allerdings ist das nicht unbedingt günstiger als allgemeine positive Gedanken. Wenn man positives Denken auf die Vorbeugung einzelner Erkrankungen konzentriert, werden alle möglichen anderen vernachlässigt. Es kann also auch in diesen Fällen angezeigt sein, Formulierungen zur allgemeinen Gesundheitsvorsorge zu verwenden oder diese mit spezifischen Vorstellungen zu verknüpfen. Im Zweifel soll das mit dem Therapeuten besprochen werden.

Zur allgemeinen Gesundheitsvorsorge eignet sich eine Generalformel, die sich an folgendem Beispiel orientieren kann:

»Ich fühle mich rundum wohl und fit, Gesundheit durchströmt meinen ganzen Körper, jede Zelle ist erfüllt von Lebensenergie – alles Kranke verläßt meinen Körper.«

Generalformel zur allgemeinen Gesundheitsvorsorge

Dazu entwickelt man vor dem inneren Auge ein passendes Bild. Man kann sich beispielsweise selbst

Passendes Bild entwickeln

beobachten, wie man strotzend vor Energie und Gesundheit das Leben genießt. Wichtig ist dabei immer, daß man sich selbst in der bildhaften Vorstellung erkennt und die Gesundheit in irgendeiner Weise sichtbar wird. Wenn man dann noch die Warnung vor eingebildeter Gesundheit berücksichtigt, eignet sich eine solche Vorstellung bestens zur regelmäßigen Gesundheitsvorsorge.

Wichtig ist, daß die Gesundheit in der bildhaften Vorstellung sichtbar wird

Die Generalformel umfaßt auch mögliche Krankheitsanlagen. Ob sie allerdings genügt, um diese ausreichend zu beeinflussen, läßt sich nur individuell beurteilen. Bei Bedarf kann man die obige Grundvorstellung noch um einen positiven Gedanken ergänzen, der sich speziell gegen bekannte Krankheitsrisiken richtet. Beispiele dazu finden sich später (ab S. 137) bei den Heilanzeigen.

Die Generalformel umfaßt auch mögliche Krankheitsanlagen

Die Generalformel kann auch dazu beitragen, daß man ohne weitere Vorstellungen auf gesundheitsschädliche Gewohnheiten (wie Rauchen) verzichtet oder sie zumindest einschränkt. Das Unbewußte ist kritisch genug, einzusehen, daß sich die Vorstellung von Gesundheit nicht mit solchen Gewohnheiten vereinbaren läßt, und kann ohne bewußte Entscheidung zum Verzicht führen.

Weiterer Vorteil der Generalformel

Allerdings gelingt das nicht immer, denn die ebenfalls zum Teil unbewußten Motive des ungesunden Verhaltens können auch starke Widerstände provozieren. Dann empfiehlt es sich, die Generalformel durch eine positive Vorstellung gegen die ungesunden Gewohnheiten zu verknüpfen. Dazu eignet sich am besten die Indifferenzformel »... vollkommen gleichgültig«. Dazu werden später (ab S. 150) noch spezielle Formulierungen vorgestellt.

Starke Widerstände

Die regelmäßige mentale Gesundheitsvorsorge ist auch dann wichtig, wenn doch einmal eine Krankheit eintritt. Da man ständig »in Übung« ist, gelingt es leicht und rasch, die vorbeugende Formulierung gegen eine auszutauschen, die sich gezielt gegen die akute Erkrankung richtet. Andernfalls müßte man bei

Austausch der Formulierungen

jeder Gesundheitsstörung zunächst wieder das positive Denken einüben, ehe man die Krankheit beeinflussen könnte. Das dauert unter Umständen so lang, daß man bis dahin mit Hilfe einer anderen Therapie bereits wieder gesund ist.

Beispiele für bewährte Heilanzeigen

Es würde den Rahmen jedes Buchs sprengen, die zahllosen Befindensstörungen und Erkrankungen anzuführen, bei denen das »Allheilmittel« positives Denken angezeigt ist. Deshalb werden hier einige wichtige Indikationen beispielhaft herausgegriffen. Die dazu vorgestellten Formulierungshilfen können sinngemäß auch bei allen anderen Gesundheitsstörungen als Muster für individuelle Formeln genutzt werden.

Obwohl positives Denken praktisch immer helfen kann, müssen alle nicht eindeutig banalen Krankheiten (etwa Erkältung) fachlich überwacht werden. Die positiven Vorstellungen ergänzen die verordnete Therapie, können sie aber nicht ersetzen.

Fachliche Überwachung

Grundsätzlich soll der behandelnde Mediziner wissen, daß der Patient selbst noch andere Heilmittel anwendet. Für positives Denken gilt das aber nur bedingt, dabei kann es ja nicht zu unerwünschten Wechselwirkungen mit den verordneten Therapien kommen. Unter Umständen könnte die Information des Mediziners sogar stören, wenn er nichts von positiven Gedanken versteht und seine Ablehnung zum Ausdruck bringt. Ein dafür aufgeschlossener Therapeut dagegen, der vielleicht sogar über eigene Erfahrungen verfügt, sollte von der Begleittherapie erfahren. Im Idealfall kann er sogar qualifiziert bei der Formulierung individueller Vorstellungen helfen.

Ein aufgeschlossener Therapeut sollte von der Begleittherapie erfahren

Eine Anmerkung noch für kritische Patienten: Ein Mediziner, der nichts von der unterstützenden The-

Anmerkung für kritische Patienten

rapie durch positive Gedanken hält, sie gar offen ablehnt, hat sich weit vom Ideal der Ganzheitsmedizin entfernt. Sicher wird auch er Krankheiten »reparieren« können. Wirkliche vollständige Heilung verlangt jedoch immer, daß Körper und Psyche gemeinsam behandelt werden. Das allein wird dem Menschen als komplexe Ganzheit gerecht. Es mag also durchaus einmal angezeigt scin, den Mediziner zu wechseln, der sich solchen uralten, aber immer noch modernen Einsichten verschließt.

Psychosomatische Krankheiten

Körper und Psyche bilden eine Einheit

Geht man davon aus, daß Körper und Psyche eine Einheit bilden und in ständiger Wechselbeziehung stehen, dann gibt es keine rein körperlichen Erkrankungen.

Psychosomatik

Im engeren Sinn bezeichnet man mit *Psychosomatik* (griech. psycho = Seele, Gemüt; soma = Körper) eine Krankheitslehre, die den Einfluß des Seelenlebens auf den Körper erforscht und behandelt.

Typische psychosomatische Krankheiten

Als typische psychosomatische Krankheiten gelten unter anderem Bronchialasthma, Magengeschwüre, teilweise auch Bluthochdruck, Herzinfarkt und viele andere mehr.

Einzelfallbeurteilung

Grundsätzlich kann immer nur im Einzelfall beurteilt werden, ob psychische Faktoren bei einer Erkrankung eine ursächliche Rolle spielen. Das bedeutet, es gibt auch Asthma, Magengeschwüre und ähnliche Leiden, die nicht mit durch psychische Einflüsse verursacht werden. Umgekehrt kommen natürlich auch Gesundheitsstörungen vor, die normalerweise nicht zu den psychosomatischen gerechnet werden, bei einzelnen Patienten aber dennoch auf seelischen Faktoren beruhen. Klarheit bringt immer nur die fachliche Untersuchung, nach deren Befund sich die Therapie richtet.

> Als grobe Faustregel gilt: Alle Erkrankungen, die auf ansonsten gut bewährte Heilmittel unzulänglich oder nicht ansprechen, deuten auf eine Beziehung zum Seelenleben hin.

Gründliche Diagnose

Allerdings ersetzt dieses oberflächliche Kriterium nie die gründliche Diagnose, es kann nur den Weg dazu weisen.

Ursachen

Die Ursachen psychosomatischer Krankheiten sind vielfältig. Streß, Hektik und Reizüberflutung des modernen Alltags, Schlafstörungen, Angstzustände, Depressionen und ungelöste Konflikte gehören zu den häufigsten. Hinzu kommt eine Vielzahl individueller Faktoren, man denke an neurotische Fehlentwicklungen in der Kindheit oder an akute Probleme.

Positives Denken zur Therapie

Seelische Ursachen werden angesprochen

Positives Denken kommt bei allen psychosomatischen Störungen zur Therapie in Betracht. In erster Linie spricht man damit die seelischen Ursachen an. Sobald diese durch positive Vorstellungen verändert werden, können die körperlichen Folgen von selbst ausheilen. Oft erscheint es aber sinnvoller, auch die somatische Symptomatik gezielt zu behandeln.

Kombination der Therapierichtungen

Eine Kombination dieser beiden Therapierichtungen führt meist schneller zu besseren Ergebnissen.

Ernstere psychische Probleme

Ernstere psychische Probleme mit Krankheitswert können fachliche Psychotherapie erforderlich machen, wenn die Betroffenen zum positiven Denken nicht mehr in der Lage sind oder damit keine befriedigende Wirkung erzielen.

Positive Gedanken gegen ungünstige seelische Einflüsse

Die positiven Gedanken richten sich bei psychosomatischen Krankheiten gegen die ungünstigen seelischen Einflüsse. Zu den häufigsten werden später im Kapitel über das stabile Seelenleben (s. S. 166 ff.) noch Muster zur individuellen Formulierung der positiven Vorstellungen vorgegeben. Wenn sie nicht befriedigend wirken, sollten die Formeln mit fachlicher Hilfe ausgearbeitet werden.

Einige geeignete Vorstellungen finden sich auch bei der Vorbeugung von Krankheiten (s. S. 133 ff.). Mit diesen erzielt man eine günstige Allgemeinwirkung, die auch psychosomatische Krankheitsbilder gut beeinflussen kann.

Man darf bei unklaren Gesundheitsstörungen nicht von psychosomatischen Krankheiten ausgehen

Keinesfalls darf man bei unklaren Gesundheitsstörungen aber vorschnell von psychosomatischen Krankheiten ausgehen und dementsprechend durch positives Denken behandeln. Das könnte dazu führen, daß organische Erkrankungen unnötig lang verschleppt werden, bis vielleicht überhaupt keine erfolgreiche Therapie mehr möglich ist. Die zuverlässige Diagnose erfordert oft viele fachliche Untersuchungen, ehe die psychischen Ursachen gesichert sind und gezielt therapiert werden können.

Herz-Gefäß-Leiden

Das Herz reagiert sensibel auf psychische Einflüsse

Das Herz reagiert meist besonders sensibel auf psychische Einflüsse; in der Antike galt es sogar als Sitz der Gefühle. Deshalb können Streß, Hektik, Reizüberflutung und andere Ursachen psychosomatischer Krankheiten besonders ungünstig auf das Herz-Gefäß-System einwirken. Umgekehrt bedeutet diese Sensibilität aber auch, daß das Herz auf positive Vorstellungen ebenfalls besonders gut ansprechen kann.

Weitere Gefahren für das Herz-Gefäß-System

Abgesehen von den seelisch-nervösen Einflüssen gefährden heutzutage noch viele körperliche Faktoren das Herz-Gefäß-System. Zu denken ist vor allem an falsche Ernährung, Bewegungsmangel, Übergewicht, Nikotin- und Alkoholmißbrauch.

Häufig wirken gleichzeitig psychische und körperliche Risikofaktoren auf dieses Organsystem ein. Deshalb ist es oft nicht damit getan, passende positive Vorstellungen zu finden, meist müssen auch Fehler

Alle Risikofaktoren ausschließen

der Ernährungs- und Lebensweise konsequent ausgeschlossen werden, damit eine optimale Wirkung eintritt.

Es versteht sich von selbst, daß alle Herz-Gefäß-Störungen fachliche Untersuchung und ständige Verlaufskontrolle erforderlich machen.

Positive Gedanken können auch ungünstig wirken

Unter Umständen wirken allerdings auch positive Gedanken ungünstig auf das sensible Herz. Das beobachtet man insbesondere bei Patienten mit Herzangst, Herzneurose und ähnlichen seelisch-nervösen Beschwerden. Diese »Nebenwirkungen« der positiven Vorstellungen sind zwar nie gefährlich, können aber ähnlich wie bei einer ernsten organischen Herzkrankheit erlebt werden. Dann verschlimmert sich die Symptomatik weiter.

Fachliche Anleitung

In solchen Fällen sollen die positiven Gedanken stets mit fachlicher Anleitung erarbeitet werden. Zum Teil muß man sogar ganz darauf verzichten. Dann ist es möglich, das Herz zunächst medikamentös zu normalisieren, um erneut positives Denken zu versuchen. Kommt es auch dann noch zu Nebenwirkungen der positiven Vorstellungen, muß wahrscheinlich für immer darauf verzichtet werden.

Allgemeine Herzbeschwerden

Ursachen

treten durch seelisch-nervöse Einflüsse und/oder bei organischen Herzerkrankungen auf, eine sichere Unterscheidung ist nur durch fachliche Diagnose möglich.

Als grober Anhaltspunkt gilt: Organisch Herzkranke verhalten sich während eines akuten Herzanfalls meist instinktiv ruhig, während Patienten mit seelisch-nervösen Beschwerden meist sehr aufgeregt und unruhig wirken. Aber wie gesagt, das kann nur ein erstes oberflächliches Unterscheidungsmerkmal sein und macht die fachliche Untersuchung nie überflüssig.

Typische Beschwerden

Zu den typischen allgemeinen Herzbeschwerden gehören bewußt spürbarer Herzschlag, beschleunigter Puls, Herzrhythmusstörungen mit unregelmäßigem Puls oder zusätzlichen Herzschlägen außer der Reihe (Extrasystolen), Angstgefühl direkt aus dem Herzen und eine Reihe anderer unklarer Symptome. Die gezielte Therapie richtet sich nach der Diagnose.

Seelisch-nervöse Beschwerden

Auch seelisch-nervöse Beschwerden dürfen nicht auf die leichte Schulter genommen werden, obwohl sie zunächst unbedenklich sind. Subjektiv können sie schwerer belasten als die Symptome einer ernsten Herzkrankheit. Im Lauf der Zeit kann die ständige Fehlfunktion auch zu einem organischen Herzleiden führen, das läßt sich durch frühzeitige Therapie meist verhüten.

Das Herz reagiert gut auf positive Gedanken

Da das Herz für seelisch-nervöse Einflüsse sehr zugänglich ist, reagiert es in der Regel auch auf positive Gedanken gut. Das könnte dazu führen, daß eine organische Herzkrankheit durch die Macht der positiven Vorstellungen längere Zeit nicht mehr bemerkt und dementsprechend auch nicht behandelt wird.

Um fatale Folgen dieser »eingebildeten Gesundheit« zu vermeiden, muß stets der Therapeut je nach individuellem Befund entscheiden, ob allein durch positive Gedanken behandelt werden kann oder Arzneimittel erforderlich sind.

Eine Generalformel gegen seelisch-nervös bedingte Herzbeschwerden kann sich zum Beispiel an folgendem Muster orientieren:

Generalformel gegen seelisch-nervöse Herzbeschwerden

»An jedem Ort, zu jeder Zeit, bin ich ruhig und gelassen – Herz schlägt ruhig und gleichmäßig.«

Vor allem bei sehr sensiblen Menschen kann bereits die Erwähnung des Herzens in dieser Vorstellung zu unerwünschten Reaktionen führen. Dann empfiehlt sich die folgende Variante mit der Indifferenzformel:

Variante der Indifferenzformel

»Herz vollkommen gleichgültig – immer und überall Ruhe und Gelassenheit.«

Oft wird es erforderlich sein, mehrere Formulierungen zu erproben, bis man die individuell »maßgeschneiderte« findet. Diese soll dann ständig beibehalten werden. In der bildhaften Vorstellung dazu malt man sich vor dem inneren Auge aus, wie die Ruhe und Gelassenheit zum Ausdruck kommen. Gut bewährt sich etwa das Bild einer saftigen grünen Wiese, auf der man entspannt in der warmen Sonne liegt, oder eine Hängematte zwischen zwei leise rauschenden Bäumen, in der man ganz locker schaukelt. Auch dazu gilt, daß ein individuell genau passendes Bild gefunden werden soll.

Bildhafte Vorstellung

Infarktvorsorge und -nachbehandlung entscheiden maßgeblich mit, ob es überhaupt zum Infarkt oder nach dem ersten zu weiteren Infarkten kommt. In der Regel kündigt sich ein Herzinfarkt einige Zeit vorher an. Allerdings sind die Warnzeichen oft sehr unklar. Deshalb sollte bei allen häufiger wiederkehrenden oder chronischen Beschwerden, für die sich keine eindeutigen Ursachen diagnostizieren lassen, im Einzelfall auch an Infarktvorboten gedacht werden.

Meist kündigt sich ein Infarkt einige Zeit vorher an

Das gilt auch dann, wenn die Symptome scheinbar nicht das Herz selbst betreffen. Bei rechtzeitiger Diagnose des Risikos gelingt es häufig, den ersten oder einen weiteren Infarkt zu verhüten.

Rechtzeitige Diagnose des Risikos

Vorsorglich sollte ab dem 35./40. Lebensjahr unabhängig von Symptomen mindestens einmal jährlich eine gründliche Herz-Gefäß-Diagnostik erfolgen, um Risikofaktoren zu erkennen, lange ehe sie zu organischen Herzschäden führen.

Einmal jährlich gründliche Diagnostik

Neben den klassischen körperlichen Hauptrisiken Bluthochdruck und Arteriosklerose tragen häufig auch seelisch-nervöse Faktoren mit zum Infarktrisiko bei. In vielen Fällen bestehen gleichzeitig organische und psychische Einflüsse.

Infarktrisiken

Zu den wichtigsten seelisch-nervösen Belastungen gehört der Streß (s. S. 121 ff.). Ein gewisses Maß an Streß ist zwar unvermeidlich, notwendig und sogar gesund, aber viele spätere Infarktpatienten suchen den Streß geradezu und überfordern sich dadurch

Streß als Belastung

über kurz oder lang. Nicht selten besteht bei ihnen auch noch ein erhöhtes Aggressionspotential, das oft unterdrückt wird und dann noch schädlicher auf das Herz wirkt.

Erhöhtes Aggressionspotential

Aber auch bei den körperlichen Risikofaktoren Alkohol, Nikotin und Übergewicht spielen fast immer psychische Faktoren mit eine Rolle.

Ein typisches Beispiel: Wer ständig unter hohem Streß steht, raucht häufiger, trinkt oft mehr Alkohol und ernährt sich ungesünder als der Durchschnitt der Bevölkerung.

Daraus ergibt sich, daß positives Denken insbesondere gegen den Risikofaktor Streß wirksam sein soll, weil sich dann die anderen Probleme erheblich leichter lösen lassen.

Die speziellen Vorstellungen zur Alkohol-, Nikotinentwöhnung, gegen Übergewicht und falsche Er-nährung werden später gesondert beschrieben (s. S. 150ff.). Um zu verhüten, daß zu hoher und/oder dauernder Streß das Infarktrisiko stark erhöht, kann eine Formulierung nach folgendem Beispiel verwendet werden:

Formulierung gegen Streß

»Überall und jederzeit Ruhe und Gelassenheit, ich behalte stets einen kühlen, klaren Kopf, alles gelingt leicht und locker ohne Hektik – Herz vollkommen gleichgültig, ruhig und regelmäßig.«

Dazu kommen dann bei Bedarf noch die Vorstellungen gegen Rauchen, Alkohol, Übergewicht und Aggressivität. Damit die Formel durch diese Zusätze nicht zu umfangreich wird, sollte sie verkürzt werden, zum Beispiel:

Verkürzte Formel

»Alles gelingt mit kühlem, klarem Kopf – Herz vollkommen gleichgültig, ruhig und regelmäßig ...« (hier folgt dann die spezielle zusätzliche Formel)

Geeignete Bilder dazu gibt es viele. Praktisch jede

Situation, in der man im täglichen Leben unter Streß steht, kann dazu verwendet werden. Am besten greift man zuerst die heraus, die am meisten streßt, und malt sich vor dem inneren Auge aus, wie man sie ruhig und gelassen bewältigt. Zum Teil beeinflußt man dadurch auch alle anderen Streßsituationen mit. Es kann aber auch erforderlich werden, noch eine oder mehrere andere Streßsituationen in gleicher Weise zu »entschärfen«, bis die optimale Wirkung erzielt wird.

Bildhafte Vorstellungen

Bluthochdruck

gehört zu den wichtigsten körperlichen Risikofaktoren für Infarkt, Schlaganfall, Arteriosklerose und Folgekrankheiten. Ab wann behandlungsbedürftiger Hochdruck (Hypertonie) besteht, muß im Einzelfall fachlich beurteilt werden. Ideal wären Werte von 110–130/80–85 in jedem Alter.

Risikofaktor für Infarkt und Schlaganfall

Idealwerte

Auch bei Hypertonie bestehen häufig seelisch-nervöse Einflüsse. Sie führen allein oder zusammen mit körperlichen Risiken zur mehr oder minder deutlichen Blutdrucksteigerung. Streß steht bei den psychischen Faktoren wieder an 1. Stelle, aber auch unterdrückte Aggressivität und viele andere Ursachen.

Häufig seelisch-nervöse Einflüsse

Streß steht an 1. Stelle

Zum Teil genügt es bereits, nur die seelisch-nervösen Einflüsse abzuschwächen, um Hochdruck dauerhaft ohne Arzneimittel zu normalisieren. Selbst wenn gleichzeitig körperliche Ursachen vorliegen, kann positives Denken ausreichend wirken, oft empfiehlt sich aber eine zusätzliche Therapie nach fachlicher Verordnung.

Die positiven Vorstellungen orientieren sich an denen gegen Infarkt, zum Beispiel:

»Immer und überall Ruhe und Gelassenheit, alles gelingt leicht, mit kühlem, klarem Kopf.«

Formulierung bei Bluthochdruck

Bei erhöhter Aggressivität kann dieses Problem versuchsweise direkt angesprochen werden, etwa:

Formel gegen erhöhte Aggressivität

»Ruhe und Gelassenheit sind wichtig, Aggressionen (oder *Wut, Zorn) vollkommen gleichgültig – ich fühle mich wohl, lebe in Harmonie mit allen.«*

Das Wort Aggression in der obigen Vorstellung kann allerdings innere Widerstände provozieren, die Aufregung, Ärger, Zorn und Wut verschlimmern. Dann muß die zuerst genannte Formulierung verwendet werden. Zunächst muß erkannt werden, wann/warum man im Alltag aggressiv oder ähnlich negativ reagiert. Dann stellt man sich diese Situation vor dem inneren Auge vor und sieht sich dabei ruhig, gelassen und freundlich. Im Lauf der Zeit wird dieses positive Bild real.

Ergänzende Krebsvorsorge und Therapie

Tabak und Alkohol

Einige Krebsrisiken, vor allem Tabak und Alkoholmißbrauch, sind hinreichend bewiesen und allgemein bekannt. Tatsache ist aber auch, daß längst nicht jeder, der raucht oder zu viel trinkt, an Krebs erkrankt. Selbst lebenslange Kettenraucher, die auch noch zu reichlich Alkohol konsumieren, können bei relativ guter Gesundheit überdurchschnittlich alt werden.

Krebsrisiken müssen nicht zur Krankheit führen

Sinngemäß gilt das auch für andere Krebsrisiken, auf die hier nicht mehr eingegangen werden muß.
Bisher gelang es nicht, dieses Phänomen zufriedenstellend zu erklären, geschweige denn sicher zu erkennen, wer ohne Angst vor Krebs nach Belieben gegen alle Regeln der Vorsorge verstoßen kann.

Erbanlagen scheinen eine Rolle zu spielen ...

Erbanlagen scheinen nach neuerem Wissen dabei eine gewichtige Rolle zu spielen, erklären aber nicht alles.

... und auch das Seelenleben

Vielmehr scheint es, daß auch das Seelenleben eine nicht zu vernachlässigende Rolle bei der Krebsentstehung spielt.

Krebs ist keine psychosomatische Krankheit

Obwohl Krebs keine psychosomatische Erkrankung im engeren Sinn darstellt, können seelische Einflüsse mit darüber entscheiden, ob krebsförderndes Verhalten die Tumorkrankheit begünstigt oder unbedenklich bleibt.

Unter anderem gehört dazu ein zu hoher Leistungsanspruch der Betroffenen an sich selbst, oft verbunden mit der Neigung, Konflikte und Probleme unverarbeitet zu verdrängen, um die scheinbare Harmonie nicht zu stören. Auch Schwierigkeiten im Umgang mit Gefühlen können von Bedeutung sein.

Zu hoher Leistungsanspruch

Man muß natürlich nicht abwarten, bis diese komplexen Zusammenhänge wissenschaftlich exakt geklärt sind. Positives Denken hilft auch, wenn noch nicht genau bekannt ist, auf welche Weise die Wirkung zustande kommt.

Grob vereinfachend kann man sie wohl in erster Linie darauf zurückführen, daß positive Gedanken das Immunsystem stimulieren, damit es aus eigener Kraft den Tumor erfolgreich bekämpft und Metastasen verhütet. Dieses Wirkungsprinzip eignet sich auch zur Krebsvorsorge.

Positives Denken stimuliert das Immunsystem

Vermutlich lassen sich viele Spontanheilungen selbst bei Krebs im Endstadium aus der Kraft positiver Gedanken erklären. Es wäre dennoch ein fataler Irrtum, sich allein darauf zu verlassen. Eine Krebstherapie nach fachlicher Verordnung, insbesondere Operation, naturmedizinische Heilverfahren, notfalls auch Bestrahlung und Chemotherapie, bleibt trotz positiven Denkens unverzichtbar.

Spontanheilungen durch positive Gedanken

Krebstherapie bleibt unverzichtbar

Ebenso verkehrt wäre es, im Vertrauen auf die vorbeugende Wirkung positiver Gedanken alle Grundregeln gesunder Ernährung und Lebensweise zu mißachten. Zwar können die Folgen durch positive Vorstellungen gehemmt werden, aber eine Garantie dafür gibt es nicht.

Grundregeln gesunder Ernährung dürfen nicht mißachtet werden

Zur Tumorprophylaxe gehört deshalb immer, Alkohol-, Tabakmißbrauch und andere Verhaltensfehler konsequent zu »verlernen«.

Tumorprophylaxe

Die praktische Erfahrung belegt übrigens, daß Menschen, die mit ihrer Gesundheit fahrlässig umgehen (etwa durch Rauchen), oft nicht in der Lage sind, ausreichend wirksame positive Gedanken zu entwickeln. In den Formulierungen zur Krebsvorsorge sollte das

Formulierungen zur Krebsvorsorge ohne das Wort »Krebs«

Wort »Krebs« grundsätzlich vermieden werden. Es könnte unterschwellig Ängste provozieren, die der Prophylaxe im Weg stehen. Wenn ausnahmsweise doch einmal eine Vorstellung mit »Krebs« verwendet werden soll, arbeitet man diese mit dem Therapeuten aus. Gut geeignet sind hingegen alle positiven Gedanken von guter Gesundheit und Lebensfreude, etwa nach folgendem Beispiel:

Formel für gute Gesundheit und Lebensfreude

»Ich lebe gesund mit Lust und Freude, nichts kann mir schaden – Gesundheit strömt durch meinen ganzen Körper.«

Bei Bedarf hängt man daran noch die speziellen Formulierungen gegen Alkohol-, Nikotinmißbrauch und andere Verhaltensfehler. Oft genügt aber bereits die allgemeine Vorstellung von Gesundheit und Lebensfreude, um solche schädlichen Gewohnheiten von selbst abzulegen.
Zur unterstützenden Krebstherapie und -nachsorge kann eine Generalformel nach folgendem Muster verwendet werden:

Generalformel zur Krebstherapie

»Alles Kranke wird ausgetrieben, verläßt meinen Körper, Gesundheit und Lebensenergie strömt durch jede einzelne Zelle – ich werde ganz heil, besiege die Krankheit.«

Eventuell individuelle Vorstellung

Alternativ kann eine individuelle Vorstellung unter fachlicher Anleitung ausgearbeitet werden. Sie vermag besser als eine Generalformel auf die Bedürfnisse des Einzelfalls einzugehen.

Tumorschmerzen können gelindert werden

Wird positives Denken gut beherrscht, kann man damit selbst starke Tumorschmerzen deutlich lindern. Die Schmerzmittel lassen sich dann niedriger dosieren, das bedeutet auch geringere Nebenwirkungen.

Schmerzen nicht zu ertragen versuchen

Keinesfalls darf man die Schmerzen aber »heroisch« zu ertragen versuchen, dann wird nach neuesten Erkenntnissen nämlich das Immunsystem geschwächt.

Am besten eignet sich oft wieder die Indifferenzformel: »Schmerzen vollkommen gleichgültig.«

»Schmerzen vollkommen gleichgültig«

Dieser Einleitung folgen dann die oben bereits genannten positiven Vorstellungen zur Krebstherapie. Noch mehr Möglichkeiten bieten sich, wenn die Krebstherapie durch positive Gedanken nach fachlicher Anleitung erfolgt. So entwickelt man bei der aus den USA stammenden Simonton-Therapie zum Beispiel Bilder vom Kampf der »guten« Abwehrstoffe gegen die »bösen« Tumorzellen, die etwa als weiße und schwarze Ritter vor dem inneren Auge dargestellt werden. Grundsätzlich kann man derartige Vorstellungen auch zur Selbsthilfe nutzen, aber erst nach fachlicher Anleitung.

Simonton-Therapie

Zu den Formulierungen, die weiter oben genannt wurden, eignet sich oft wieder ein Bild vom eigenen Körper. Zur Krebsvorsorge kann man ihn beispielsweise strotzend vor Gesundheit und Lebensfreude bei angenehmen Tätigkeiten sehen. Für die Krebstherapie stellt man sich unter anderem vor, wie die Krankheit den Körper verläßt und die Gesundheit einströmt, indem man beiden Zuständen eine »Gestalt« verleiht. Krankheit könnte etwa als ein »schwarzes Monster« visualisiert werden, Gesundheit als eine »gute weiße Fee«. Alle Bilder sind geeignet, die persönlich gefallen und positiv wirken.

Bild vom eigenen Körper

Gesunde werden sich über solche Vorstellungen vielleicht lustig machen, da sie das Wirkungsprinzip nicht verstehen. Das könnte die Wirkung beim Patienten vermindern oder gar vereiteln. Meist empfiehlt es sich deshalb, nur mit dem Therapeuten über diese Bilder zu sprechen. Selbst vertraute Menschen werden nämlich den Sinn nicht immer erfassen und negativ reagieren.

Übergewicht – Eßstörungen

Übergewicht gehört zu den wichtigsten Risiken für die Gesundheit

Das inzwischen bereits bei Kindern und Jugendlichen verbreitete Übergewicht gehört zu den wichtigsten Grundrisiken für die Gesundheit. Unter anderem begünstigt es Zuckerkrankheit, Arteriosklerose, Herzinfarkt, Gelenkschäden und erhöht das Krebsrisiko allgemein, insbesondere für Darmkrebs. Die Folgen werden noch dramatischer, wenn außerdem Alkohol und/oder Nikotin mißbraucht werden.

Folgen

Ursachen

Nicht immer beruht Übergewicht auf Verhaltensstörungen beim Essen. Wir kennen auch die Fettsucht als Krankheit, die zum Beispiel mit Veranlagung in Beziehung steht, oder Übergewicht durch hormonelle und Stoffwechselstörungen. Das muß genau diagnostiziert und gezielt behandelt werden.

Fehler in der Energiebilanz

In der Mehrzahl der Fälle ergibt sich das Übergewicht jedoch aus einem Fehler in der Energiebilanz: Man nimmt mit der Ernährung mehr Kalorien zu, als tatsächlich benötigt werden. Dieser »Bilanzgewinn« führt über kurz oder lang unweigerlich zu Übergewicht.

Verschlimmert wird die Situation noch durch das ebenfalls schon bei Kindern und Jugendlichen häufige Bewegungsdefizit. Zwar verbraucht körperliche Aktivität nicht so viel Energie, wie häufig angenommen wird, aber eine mäßig erhöhte Kalorienzufuhr kann dadurch schon ausgeglichen werden.

Bewegungsdefizit

Wichtiger ist allerdings oft, daß Bewegung den Stoffwechsel anregt, das beugt Übergewicht nämlich auch vor.

Die zahllosen Betroffenen, die immer wieder erfolglos Schlankheitskuren versuchen, verdeutlichen eindringlich, daß der Willen zur Gewichtsabnahme allein meist nicht genügt. Hinter der zu reichlichen Kalorienzufuhr stehen auch psychische Ursachen, die durch eine Reduktionsdiät naturgemäß nicht beseitigt werden können. Diese seelischen Einflüsse programmieren einen »Rückfall« regelrecht vor, wenn sie

Psychische Ursachen

nicht mitbehandelt werden. Positives Denken wirkt hauptsächlich gegen die meist unbewußten seelisch-nervösen Faktoren des Übergewichts.

Positives Denken wirkt meist gegen die unbewußten seelisch-nervösen Faktoren

Darüber hinaus sollen positive Vorstellungen möglichst auch die Verhaltensstörungen beim Essen verändern, also zur Reform falscher Ernährungsgewohnheiten motivieren. Das garantiert zwar keine lebenslange Schlankheit, verbessert aber die Aussichten darauf.

Positive Gedanken sollen auch Verhaltensstörungen beim Essen verändern

Die geeigneten Formulierungen orientieren sich wieder an den persönlichen Umständen. Zunächst kann man auch versuchen, das angestrebte Gewicht im Unbewußten regelrecht »vorzuprogrammieren«, etwa wie folgt:

»*Ich wiege niemals mehr als … kg* (Wunschgewicht einfügen) – *ruhig und gelassen erreiche ich mein Ziel, fühle mich sehr wohl dabei.*«

Formulierung für das angestrebte Gewicht

Es erscheint fast zu einfach, als daß es gelingen könnte. Aber wer positives Denken gut beherrscht, kann auf diese Weise das angestrebte Gewicht einprägen und alles andere dem Unbewußten überlassen. Es wird von selbst unter anderem dafür sorgen, daß man Ernährungsfehler korrigiert, um das Wunschgewicht zu erreichen und zu halten. Da diese Gewichtsmarke aus dem Unbewußten wirkt, besitzt sie ungleich mehr Einfluß als alle guten Vorsätze.

Unbewußtes sorgt für Korrektur der Ernährungsfehler

Allerdings erreicht nicht jeder Übergewichtige so sein Wunschgewicht. Das kann daran liegen, daß der Wunsch zu stark vom Set Point abweicht. So bezeichnet man die unbewußte Vorstellung vom persönlichen Idealgewicht. Sicher läßt sie sich durch die obige Formulierung innerhalb gewisser Grenzen ändern, bei zu großer Differenz setzt sich in der Regel jedoch der Set Point durch. Deshalb muß das angestrebte Gewicht realistisch bleiben.

Set Point

Das angestrebte Gewicht muß realistisch bleiben

Wer zum Beispiel aus einer Familie stammt, in der Übergewicht »normal« ist, tut sich bestimmt schwer, den Set Point so zu verstellen, daß er gertenschlank wird und vor allem dauerhaft bleibt.

Innere Widerstände gegen Wunschgewicht

Es ist aber auch möglich, daß die Vorstellung vom Wunschgewicht nicht ausreichend wirkt, weil sie innere Widerstände provoziert. Dann muß auf andere Weise versucht werden, das Übergewicht abzubauen. Am besten setzt man dazu bei der falschen Ernährung an, die bei Übergewicht fast immer eine Rolle spielt. Man kann beispielsweise das Eßverhalten kritisch analysieren, um die Fehler zu erkennen und anschließend durch gezielte Vorstellungen zu »verlernen«. Das folgende Beispiel hilft, die individuell richtige Vorstellung zu finden. Wenn man zu viel Süßigkeiten ißt, stellt man sich etwa vor:

Formulierung gegen zu viele Süßigkeiten

»*Süßigkeiten* (oder konkreter: *Kuchen, Torte, Schokolade …) vollkommen gleichgültig, ich ernähre mich gesund und fühle mich wohl dabei – erreiche und halte mein Wunschgewicht von … kg.*«

Kleine Happen zwischendurch

Eine andere verbreitete Ursache des Übergewichts sind die kleinen Happen zwischendurch. Jeder einzelne mag nicht weiter zu Buche schlagen, im Lauf des Tages nimmt man auf diese Weise aber erheblich zusätzliche Kalorien auf. Das wird den Betroffenen aber überhaupt nicht richtig bewußt; typisch ist oft ihre Überzeugung »Ich esse doch nicht zu viel«. Meist trifft das wirklich zu, allerdings nur für die Hauptmahlzeiten. Die kleinen Happen dazwischen werden einfach ausgeblendet. Dagegen kann man mit einer Vorstellung nach folgendem Muster angehen:

Formulierung gegen Essen zwischen den Mahlzeiten

»*Ich ernähre mich gesund, esse dreimal am Tag, Essen zwischen den Mahlzeiten* (oder bei anderen Gelegenheiten) *vollkommen gleichgültig – ich wiege niemals mehr als … kg.*«

Nach diesen Beispielen kann jeder Verhaltensfehler beim Essen allmählich überwunden und das angestrebte Körpergewicht erreicht werden. Dann darf man die positiven Gedanken aber nicht gleich einstellen. Besser übt man noch einige Zeit weiter, bis das gesunde Eßverhalten zur guten Gewohnheit geworden ist. Wenn später einmal ein »Rückfall« droht, läßt er sich meist vermeiden, wenn man sofort wieder die positiven Vorstellungen verwendet.

Unterstützende Bilder

Die Bilder, mit denen die Formulierungen unterstützt werden, sind recht einfach zu entwickeln. Am besten stellt man sich vor, wie man aussehen wird, wenn das Übergewicht »geschmolzen« ist. Verstärken läßt sich das, indem man sich rank und schlank zum Beispiel im Bikini oder in der Badehose sieht und/oder sich verdeutlicht, daß man jetzt sogar wieder die Kleidung aus früheren »schlanken Zeiten« tragen könnte.

Bei erheblichen psychischen Störungen, die sich hinter Übergewicht verbergen können, wird fachliche Therapie erforderlich. Positives Denken kann sie ergänzen (s. stabiles Seelenleben ab S. 166), allerdings sind die Betroffenen zum Teil nicht mehr in der Lage, wirksame positive Vorstellungen zu entwickeln und einzuprägen.

Alkohol- und Nikotinmißbrauch

In allen westlichen Industrienationen stehen Alkohol und Tabak an 1. Stelle der Genußgifte und Suchtmittel. Das trifft mittlerweile bereits für Kinder zu.

Verträgliche Dosis bei Alkohol

Allerdings gibt es beim Alkohol eine verträgliche, ja sogar gesunde »Dosis« (etwa ¼ l Wein oder ½ l Bier täglich). Beim Tabak hingegen kennt man keine unschädliche, geschweige denn gesunde Menge, Rauchen schadet praktisch immer.

Gewiß, das Risiko bleibt gering, wenn man nur mäßig raucht. Aber niemand weiß im voraus, wie sich auch geringer Tabakkonsum im Einzelfall auf die Gesundheit auswirkt. Überdies lehrt die praktische Erfahrung, daß es häufig nicht bei dieser geringen

»Dosierung« bleibt, sondern der Konsum im Lauf der Zeit teilweise erheblich zunimmt.

Alkohol kann zur Suchtkrankheit führen

Seit langem steht außer Zweifel, daß Alkohol zur Suchtkrankheit führen kann. Dazu tragen meist auch psychische Faktoren bei, die nicht oder nur teilweise bewußt sind und sich deshalb kaum beherrschen lassen.

Auch Rauchen kann zur Sucht werden

Beim Rauchen geht man inzwischen ebenfalls mehrheitlich davon aus, daß es zur Sucht werden kann, die sich allerdings vom Alkoholismus unterscheidet. Insbesondere fehlen die schweren, teils lebensbedrohlichen Entzugssymptome bei Alkoholkarenz. Wenn überhaupt, dann treten beim Verzicht auf Rauchen lediglich leichte Entzugserscheinungen auf, die nie eine Gefahr darstellen.

Raucher bleiben meist sozial gut angepaßt, während Alkoholiker sozial absteigen

Überdies bleiben Raucher meist sozial gut angepaßt und sind im Beruf unauffällig (beruflicher Streß kann ein Motiv für das Rauchen sein), während Alkoholkranke im Lauf der Zeit häufig ihre Arbeit verlieren und sozial absteigen.

Gegen Alkoholismus richtet positives Denken zunächst kaum etwas aus. Am Anfang steht körperliche Entgiftung und fachliche Psychotherapie. Später tragen positive Gedanken aber viel dazu bei, ein Leben lang »trocken« zu bleiben.

Lebenslanger Alkoholverzicht

Versuche mit kontrolliertem Trinken nach dem Entzug ergaben, daß dies meist nicht gelingt; bereits eine versehentlich zerbissene Praline mit Alkohol kann den Teufelskreis der Sucht wieder in Gang setzen. Davor bewahrt nur strikter Alkoholverzicht ein Leben lang.

Positives Denken kann zur Raucherentwöhnung eingesetzt werden

Wie oben bereits beschrieben, verläuft die suchtartige Abhängigkeit vom Tabak anders als Alkoholismus. Deshalb kann positives Denken hier auch zur Entwöhnung von Anfang an eingesetzt werden. Nicht selten entscheidet die Macht der Gedanken und Vorstellungen darüber, ob die Entwöhnung auf Dauer gelingt oder bald wieder geraucht wird.

Hauptziel des positiven Denkens

Hauptziel des positiven Denkens soll es indes sein,

frühzeitig zu verhindern, daß es überhaupt zur Sucht kommt. Spätestens wenn immer mehr geraucht oder der Alkoholkonsum nicht mehr jederzeit unter Kontrolle gehalten wird, ist es höchste Zeit, positive Gedanken zu nutzen. Je früher man damit beginnt, desto günstiger stehen die Chancen, der Suchtentwicklung zu entgehen und ohne Tabak und Alkohol auszukommen.

Die psychischen Ursachen von Alkohol- und Nikotinmißbrauch sind individuell sehr verschieden. Grundsätzlich müssen stets auf den Einzelfall abgestimmte Formulierungen verwendet werden. Diese kann man zum Beispiel in einem fachlich geleiteten Antiraucherkurs erarbeiten. Zunächst kann man aber auch versuchen, ob eine Generalformel ausreichend hilft, etwa nach folgendem Muster:

Auf den Einzelfall abgestimmte Formulierungen

»*Alkohol* (oder: Rauchen) *vollkommen gleichgültig, Verzicht befreit, macht stark und froh – ich schaffe das.*«

Generalformel

Wenn Alkohol- und Nikotinmißbrauch gleichzeitig bestehen (eine häufige Kombination), verändert man die Einleitung der obigen Formel in

»*Alkohol und Rauchen vollkommen …*«

und fährt dann wie bei der ersten Vorstellung fort. Die obigen positiven Gedanken eignen sich, wenn der Konsum der Genußgifte unkontrollierbar zunimmt. Dann gelingt es häufig noch, durch diese Formeln vom Mißbrauch wieder loszukommen, ehe er suchtartig wird. Ferner können die obigen Vorstellungen nach erfolgreicher Entwöhnung genutzt werden, um Rückfällen vorzubeugen.

Suchtentwicklung und Rückfällen vorbeugen

Allerdings wirkt die Indifferenzformel nicht immer optimal. Bei Bedarf kann man eine Variante verwenden, zum Beispiel:

Variante

»Ich genieße mein Leben mit Lust und Freude – bin sicher, ruhig und gelassen ohne Alkohol (und/oder: *Rauchen).«*

Diese Vorstellung hebt vor allem hervor, daß man für ein positives Lebensgefühl keine Genußgifte benötigt. Auch so kann man der Sucht vorbeugen.

Bildhafte Vorstellungen

Als bildhafte Vorstellungen zu diesen Gedanken wählt man am besten eine Situation aus, in der man gewohnheitsmäßig Alkohol trinkt und/oder raucht (z. B. nach Feierabend in der Stammkneipe oder am Wochende in der Disco). In dieser Situation sieht man sich dann vor dem inneren Auge ohne Alkohol/Rauchen. Zum Teil wirkt auch ein »Vorher-Nachher-Bild« besser. Das heißt, zuerst sieht man sich in der Situation trinkend und/oder rauchend, danach in der gleichen Situation ohne Genußmittel. Auf diese Weise macht man den Kontrast besonders deutlich bewußt.

Andere Erkrankungen

Die bisher genannten positiven Gedanken und Vorstellungen können sinngemäß auch für alle anderen Krankheiten genutzt werden. Dabei gilt wieder, daß positives Denken die fachliche Therapie nicht ersetzt, wohl aber deren Wirkung nachhaltig verbessern kann.

Positives Denken ersetzt keine fachliche Therapie

Magen-/Zwölffingerdarmgeschwüre

Psychsomatische Krankheit

Helicobacter pylori

gehören zu den klassischen psychosomatischen Krankheiten. Zwar steht inzwischen fest, daß in den meisten Fällen der Krankheitserreger *Helicobacter pylori* dafür verantwortlich ist, aber das spricht nicht gegen psychische Faktoren. Viele Menschen infizieren sich im Lauf des Lebens mit diesem Erreger, aber nur bei relativ wenigen entwickelt sich ein Geschwür. Darüber entscheiden die seelischen Einflüsse, indem sie das Immunsystem stärken oder abschwächen, vielleicht darüber hinaus auch noch die Durchblutung im Magen und Zwölffingerdarm günstig oder ungünstig verändern. Eine weitere häufige Mitursache ist das Rauchen.

Positives Denken muß vor allem für innere Ruhe und Harmonie sorgen, damit das Immunsystem die Bakterien erfolgreich abwehren kann, ehe ein Geschwür entsteht. Überdies sollen die Magen-Zwölffingerdarm-Funktionen sowie die Durchblutung der beiden Organe verbessert werden. Folgende Formulierung eignet sich gut als Muster für die individuell angepaßten positiven Gedanken:

Positives Denken muß für innere Ruhe sorgen

»An jedem Ort, zu jeder Zeit: Ruhe und Gelassenheit – Magengegend (oder: *Bauch, Leib) wohltuend warm.«*

Formulierung bei Magengeschwür

Dazu entwickelt man eine bildhafte Vorstellung, in der man auf einer Wiese im weichen Gras liegt und die Sonne warm auf den Bauch scheint.

Bildhafte Vorstellung

Wenn Rauchen mit zum Geschwür beiträgt, ergänzt man die obigen positiven Gedanken durch die Indifferenzformel

»... Rauchen vollkommen gleichgültig.«

Ergänzende Indifferenzformel

Darüber hinaus empfiehlt sich oft eine Veränderung der Ernährungsweise, damit es nicht zu Rückfällen kommt. Das beginnt, sobald das Geschwür abgeheilt ist, und wird durch die bei Übergewicht und Eßstörungen (s. S. 150) bereits genannten Formeln unterstützt.

Veränderung der Ernährung

Allergische Krankheiten

rechnet man meist nicht zu den psychosomatischen Krankheiten, ausgenommen Asthma. Mittlerweile wird aber immer deutlicher, daß seelisch-nervöse Faktoren doch eine mehr oder minder wichtige Rolle dabei spielen.

Seelisch-nervöse Faktoren spielen eine wichtige Rolle

So wie es zum Beispiel möglich ist, daß allein der Anblick eines Fotos von einer blühenden Wiese heftigen Heuschnupfen oder einen akuten Asthmaanfall provoziert, so gelingt es umgekehrt auch, durch positive Vorstellungen die verschiedenen allergischen Krankheiten günstig zu beeinflussen. Dadurch wird die Wirksamkeit der fachlich verordneten antiallergischen Therapie zum Teil entscheidend verbessert. Ob es zur vollständigen Heilung oder zu einer chronischen Allergie kommt, hängt unter Umständen nur davon ab, ob positives Denken praktiziert wird.

Positive Gedanken können allergische Krankheiten günstig beeinflussen

Zu jeder der typischen allergischen Erkrankungen soll nun eine beispielhafte Formulierung angegeben werden. Versuchsweise kann man mit dieser arbeiten, muß sie aber individuell variieren, wenn keine ausreichende Wirkung erzielt wird.

Beispielhafte Formulierungen

Hautausschlag kann durch die nachstehende Formel beeinflußt werden:

Hautausschlag

»Haut angenehm ein wenig kühl, Juckreiz vollkommen gleichgültig – ich bin ruhig und gelassen, fühle mich wohl in meiner Haut.«

Diese Vorstellung eignet sich, wenn der Ausschlag größere Hautbezirke betrifft. Liegt ein örtlich begrenzter Ausschlag vor, verwendet man statt des allgemeinen Begriffs Haut besser die genaue Bezeichnung der betroffenen Hautareale, also:

»Gesicht (oder: *Hand, Arm, Schulter usw.) angenehm ein wenig kühl* ... (dann weiter wie im obigen Beispiel).

Das Gefühl der kühlen Haut läßt sich schwer visualisieren. Man kann es versuchen, indem man sich beispielsweise ausmalt, unbekleidet im Freien zu stehen, vielleicht in einer Winterlandschaft, um die Kühle zu betonen.

Bildhafte Vorstellung

Wenn einzelne Hautbezirke betroffen sind, legt man

darauf vor dem inneren Auge eine Eisblase, Kältekompresse oder trägt ein Eisgel auf, um die Kühle zu verdeutlichen.

Allergischer Durchfall

Allergischer Durchfall geht oft mit heftigen Koliken einher. Er erklärt sich vorwiegend aus einer Überreaktion des Immunsystems auf unverträgliche Lebensmittel. Die zuverlässige Unterscheidung zwischen allergischem und infektiösem Durchfall, die für die Behandlung entscheidend ist, kann nur durch fachliche Untersuchung vorgenommen werden. Spätestens am 3. Tag der Erkrankung muß ärztliche Hilfe zugezogen werden, wenn der Durchfall bis dahin noch nicht steht. Das ist auch deshalb notwendig, weil beim Durchfall viel Flüssigkeit und Salze verlorengehen, was unter Umständen bald zu lebensbedrohlichen Komplikationen führt.

Positives Denken kann die Koliken lindern

Positives Denken kann bei Durchfall vor allem die schmerzhaften Koliken lindern, zum Teil auch den zu häufigen Stuhlgang hemmen. Dazu verwendet man eine Formel nach folgendem Muster:

Formel gegen Durchfall und Koliken

»Bauch (oder: *Leib) angenehm weich und warm – Darm arbeitet regelmäßig, behält alle Nahrung.«*

Dazu stellt man sich wieder vor, daß die Sonne warm auf den Bauch scheint.

Asthma

Asthma ist eine ernste Erkrankung der Atemwege, die sich zum Teil aus allergischen Reaktionen, teilweise aber auch aus seelisch-nervösen Faktoren erklärt. Zur Basistherapie benötigt man fachlich verordnete Arzneimittel, oft ergänzt durch Atemschulung nach Anleitung. Da ein akuter Asthmaanfall lebensbedrohlich verlaufen kann, müssen zur Soforthilfe stets geeignete Medikamente zur Hand sein, die ihn rasch unterbrechen.

Positives Denken kann zur Besserung beitragen

Positives Denken kann im akuten Anfall mit zur Besserung beitragen, sofern die Betroffenen noch in der Lage sind, positive Gedanken zu entwickeln (bei ständigem Training gelingt das eher). Zwischen den

Anfällen sollen positive Vorstellungen helfen, die erforderliche Arzneimitteldosis zu reduzieren und die anfallsfreie Zeit zu verlängern. Nach folgendem Beispiel kann eine individuelle Vorstellung formuliert werden:

Formel bei Asthma

»Atmung vollkommen gleichgültig – ich lasse es atmen, ruhig und gelassen, frei und locker.«

Keinesfalls darf die Atmung willkürlich beeinflußt werden, das könnte die Verkrampfung der Bronchien noch verschlimmern.

Die Formel kann die Krankheit auch verschlechtern

Bei manchen Asthmatikern kann bereits die obige Vorstellung die Krankheit verschlechtern. Dann muß zusammen mit dem Therapeuten eine ganz individuelle Formulierung gefunden werden, die keine unerwünschten Reaktionen provoziert.

Bildhafte Vorstellung

Es fällt nicht leicht, sich die ruhige, lockere Atmung bildhaft vorzustellen. Man kann sich beispielsweise vor dem inneren Auge ausmalen, wie Brustkorb und Bauch sich bei jedem Atemzug heben und senken und die Atemluft durch den gesamten Körper strömt. Dazu muß der eigene Körper visualisiert werden. Aber auch mit den bildhaften Vorstellungen ist Vorsicht geboten, sie könnten ebenfalls zu unerwünschten Begleiterscheinungen führen. Am besten erarbeitet man sie auch zusammen mit dem Therapeuten.

Heuschnupfen

Heuschnupfen, eine der häufigsten allergischen Krankheiten, betrifft nicht allein die Nase, sondern verursacht auch Kopfschmerzen und tränende, brennende Augen. Diese Begleitsymptome müssen beim positiven Denken mit erfaßt werden. Geeignet ist eine Formulierung nach folgendem Beispiel:

Formel bei Heuschnupfen

»Kopf, Nase und Augen klar und frei, angenehm ein wenig kühl – Brennen und Niesen vollkommen gleichgültig, ich fühle mich sehr wohl.«

Bildhaft kann man die Kühle verdeutlichen, indem man sich zum Beispiel vorstellt, daß ein feuchtkühler Umschlag oder eine Kältekompresse auf der Stirn, über den Augen und auf der Nasenwurzel liegt. Vielleicht wirkt es aber auch besser, wenn man sich selbst vor dem inneren Auge sieht, wie man in die Sonne blickt, ohne daß die Augen brennen und die Nase läuft. Man muß ausprobieren, was individuell am besten hilft.

Bildhafte Vorstellung

Chronische Darmträgheit

entsteht häufig durch Ballaststoffmangel. Dann läßt sie sich durch vollwertige Ernährung leicht beheben, bei Bedarf ergänzt durch Leinsamen oder Weizenkleie (mit viel Flüssigkeit einnehmen!).

Chronische Darmträgheit

Wir kennen aber auch eine Form der Darmträgheit, bei der seelisch-nervöse Verkrampfungen des Darms im Vordergrund stehen. In solchen Fällen helfen Ballaststoffe nicht viel, sie können den Zustand sogar verschlechtern. Die Darmverkrampfungen erklären sich aus individuell unterschiedlichen Ursachen, etwa Fehler bei der Reinlichkeitserziehung im Kindesalter oder der Erwartungsdruck, wenn man glaubt, jeden Tag den Darm entleeren zu müssen.

Seelisch-nervöse Verkrampfung des Darms

Bei solchen seelisch-nervösen Einflüssen sorgt positives Denken dafür, daß man dem täglichen Stuhlgang keine zu große Bedeutung beimißt und der Darm entspannt bleibt. Nach einiger Übung kann es sogar gelingen, den Zeitpunkt des Stuhlgangs regelrecht »vorzuprogrammieren«. Die folgenden Beispiele helfen, die individuell geeigneten Formulierungen dafür zu finden.

»*Leib* (oder: *Darm) locker und wohlig warm, arbeitet ruhig und regelmäßig – Stuhlgang gelingt.*«

Formel bei Darmträgheit

Falls der Darmentleerung zu viel Aufmerksamkeit geschenkt wird, läßt sich das gut durch die Indifferenzformel beheben:

Indifferenzformel

»Darm arbeitet ruhig und regelmäßig – Stuhlgang vollkommen gleichgültig, gelingt automatisch.«

Wenn die Darmentleerung immer zur gleichen Zeit erfolgen soll (nämlich dann, wenn die Gelegenheit dazu am günstigsten ist), empfiehlt sich nachstehende Formulierung:

Formel zur Darmentleerung immer zur gleichen Zeit

»Leib (oder: *Darm) locker und wohlig warm, arbeitet ganz regelmäßig – Stuhlgang gelingt jeden Tag automatisch um ... Uhr.«*

Schmerzen bei der Stuhlentleerung durch Hämorrhoiden und Afterrisse können Darm und After stark verkrampfen. Neben der ursächlichen fachlichen Therapie stellt man sich dazu vor:

Formel bei Schmerzen bei der Stuhlentleerung

»Leib locker und wohlig warm, Gesäß/After angenehm ein wenig kühl – Stuhl bleibt weich, Entleerung leicht und schmerzlos.«

Chronische Darmträgheit kann Symptom einer Krankheit (wie Darmkrebs) sein. Deshalb muß vor dem positiven Denken unbedingt fachlich untersucht werden, damit keine Erkrankung verschleiert wird.

Bildhafte Vorstellungen

Naturgemäß fällt es nicht leicht, bildhafte Vorstellungen vom problemlosen Stuhlgang zu entwickeln. Ein unangenehm empfundenes Bild provoziert oft innere Widerstände und noch mehr Verkrampfungen des Darms. Neutral und meist gut wirksam ist dagegen die Vorstellung, daß die Sonne warm auf den Leib scheint, dadurch lösen sich Verkrampfungen im Bauchraum.

Hämorrhoiden

Das Gefühl der Kühle am After bei Hämorrhoiden und Rissen kann visuell unterstützt werden, indem man sich vor dem inneren Auge selbst in einem Sitzbad sieht, bei dem das kühle Wasser das Gesäß bedeckt. Mit diesem Bild nimmt man die Kühle des Wassers meist besser wahr.

Blutunterdruck

Niedriger Blutdruck

gilt als unbedenklich, wird oft überhaupt nicht als Krankheit anerkannt. Aber das trifft so pauschal nicht zu. Vorsorglich sollte eine Untersuchung abklären, ob dahinter keine Erkrankung steckt. Wenn der niedrige Blutdruck tatsächlich harmlos ist, sollten die lästigen Symptome nicht gleich medikamentös behandelt werden. Ausreichend Bewegung an der frischen Luft und Wechselduschen jeden Morgen können den Zustand dauerhaft und ohne Risiko bessern.
Verstärken läßt sich die Wirkung dieser unverzichtbaren Maßnahmen durch positive Gedanken. Dazu kommt die nachstehende Formulierung in Betracht:

Formel bei niedrigem Blutdruck

»Herz schlägt ruhig, regelmäßig und kräftig – ich fühle mich frisch, munter und vollkommen wohl.«

Bildhafte Vorstellung

Am besten entwickelt man dazu vor dem inneren Auge eine Bild von sich selbst. Dabei sieht man sich in Situationen, in denen erkennbar wird, wie munter und wohl man sich fühlt, etwa beim ausgelassenen Ballspiel am sonnigen Strand, bei einer Wanderung in der freien Natur oder bei anderen Gelegenheiten, mit denen man Wohlgefühl verbindet.

Wetterfühligkeit

wird ähnlich wie niedriger Blutdruck oft nicht ernst genommen, obwohl erhebliche Beschwerden auftreten können, wie chronische Müdigkeit, Leistungsschwäche, depressive Verstimmungen, Schmerzen und Koliken. Schlimmstenfalls begünstigt die Wetterfühligkeit sogar Herzinfarkt, Schlaganfall, Komplikationen bei Operationen, Thrombosen, Embolien und andere ernste Krankheiten.

Wetterfühligkeit begünstigt ernste Krankheiten

Da Wetterempfindlichkeit hauptsächlich Menschen betrifft, die bereits an einer Krankheit leiden, muß stets untersucht werden, ob eine solche Ursache besteht. Je nach Diagnose wird gezielt behandelt, dann läßt auch die Wetterfühligkeit nach.

Funktionsstörung des vegetativen Nervensystems

Wenn keine krankhaften Ursachen diagnostiziert werden, liegt eine Funktionsstörung des vegetativen Nervensystems vor, das auf die Wettereinflüsse überempfindlich reagiert. Dagegen helfen wie bei niedrigem Blutdruck regelmäßige Bewegung und Abhärtung durch kalte Wasseranwendungen, unterstützt durch positive Formeln nach folgendem Muster:

Formel bei Wetterfühligkeit

»Wetter vollkommen gleichgültig – ich bleibe immer frisch und munter, leistungsfähig und gut gelaunt, fühle mich sehr wohl.«

Mit dieser Generalformel verbindet man eine bildhafte Vorstellung, wie sie beim Blutunterdruck bereits angegeben wurde.

Schmerzzustände,

die nicht offensichtlich aus einer banalen Ursache (wie Kopfschmerz bei Erkältung) entstehen, müssen bald untersucht und je nach Befund gezielt behandelt werden. Sobald die Diagnose vorliegt, verlieren sie ihre Funktion als Alarmsignal, der Schmerz muß nicht länger ertragen werden.

Positive Gedanken können die Schmerzempfindlichkeit günstig beeinflussen

Ob dazu Schmerzmittel notwendig sind oder positives Denken genügt, hängt von individuellen Faktoren ab. Unter anderem kommt es auf die sehr unterschiedliche Schmerzempfindlichkeit des Einzelnen an, die sich durch positive Gedanken günstig beeinflussen läßt. Ferner spielt es natürlich eine Rolle, wie stark die Schmerzen sind.

Tumorschmerzen

Heftige Tumorschmerzen wird man in der Regel nicht allein durch positive Vorstellungen ausreichend lindern können (aber auch da gibt es individuelle Unterschiede), sondern starke Medikamente einsetzen, um den Betroffenen unnötiges Leid zu ersparen. Auf weitere Faktoren der Schmerzempfindung soll hier nicht mehr eingegangen werden.

Positives Denken ist bei allen Schmerzen angezeigt

Positives Denken ist bei allen Schmerzzuständen angezeigt. Wenn es allein nicht ausreichend wirkt, unterstützt es doch die Wirksamkeit der Arzneimittel und trägt oft dazu bei, daß sie geringer dosiert werden können, also auch das Risiko der Nebenwirkungen sinkt. Zur Basistherapie eignet sich praktisch immer die Indifferenzformel *»... vollkommen gleichgültig«*. Dazu kommt dann die Vorstellung von Kühle bei oberflächlichen Schmerzen und von Wärme bei inneren Beschwerden. Die folgenden Beispiele helfen bei der Formulierung der individuell geeigneten Vorstellungen.

Indifferenzformel

- Kopfschmerzen/Migräne:
  »Schmerz vollkommen gleichgültig – Kopf frei und angenehm kühl.«
- Zahnschmerzen:
  »Schmerz vollkommen gleichgültig – Ober-/Unterkiefer angenehm kühl.«
- Rheumatische Muskel- und Gelenkschmerzen:
  »Schmerz vollkommen gleichgültig – Gelenke/Muskeln wohlig warm.«
  (Bei örtlich begrenzten Rheumaschmerzen gibt man die betroffenen Gelenke und Muskeln genau an, zum Beispiel Knie-, Hüft-, Schultergelenk.)
- Magen-Darm-Koliken:
  »Schmerz vollkommen gleichgültig – Magengegend/Bauch wohlig warm.«
- Galle-Nieren-Koliken:
  »Schmerz vollkommen gleichgültig – Oberbauch (Galle)/Kreuz (Nieren) wohlig warm.«

Kopfschmerzen/ Migräne

Zahnschmerzen

Rheumatische Schmerzen

Magen-Darm-Koliken

Galle-Nieren-Koliken

Nach diesen Beispielen lassen sich praktisch alle Schmerzzustände durch positive Gedanken gezielt beeinflussen.

Zu allen Formeln mit *»... wohlig warm«* entwickelt man ergänzend die bildhafte Vorstellung, daß man auf einer Wiese liegt und die Sonne die betroffenen Körperpartien angenehm durchwärmt. Soll es im Schmerzgebiet angenehm kühl werden, stellt man

Bildhafte Vorstellungen

sich zum Beispiel bildhaft vor, daß eine Kältekompresse aufliegt.
Verstärken lassen sich die Wirkungen oft noch, wenn man sich vorstellt, wie ein leichter Wind warm oder kühl über das Schmerzgebiet streicht.
Mit etwas Phantasie können auch andere bildhafte Vorstellungen kreiert werden, die individuell viel besser helfen können. So ist es beispielsweise möglich, sich den Schmerz als eine Art »Monster« vorzustellen, das in der Wärme schmilzt oder in der Kühle fröstelt und vertrieben wird. Der Vorstellungskraft sollten keine Zügel angelegt werden, alle Bilder eignen sich, die den Schmerz günstig beeinflussen. Versuchsweise können mehrere Vorstellungen ausprobiert werden, damit man die am besten wirksame findet. Diese sollte künftig ständig beibehalten werden.

Nicht mit jedem über die Vorstellungen sprechen

Wie bei Tumorkrankheiten (s. S. 146) gilt auch hier, daß man über solche phantasievollen Vorstellungen nicht mit jedem sprechen sollte. Zu hoch ist das Risiko, daß man Unverständnis und Spott erntet, was die Wirkung zum Teil deutlich verringert.

Seelisch-nervöse Störungen

Auf den ersten Blick scheint es, daß psychische und nervöse Beschwerden die wichtigsten Anwendungsgebiete des positiven Denkens sind. Schließlich wirken die Formeln und Vorstellungen letztlich ja über das Unbewußte, in dem auch zahlreiche psychische Probleme verwurzelt sind.

Psychisch-nervöse Beschwerden behindern oft das positive Denken

Grundsätzlich ist diese Überlegung nicht falsch. Allerdings erweist sich in der Praxis nicht selten, daß die psychisch-nervösen Beschwerden das positive Denken be- oder verhindern.
Wer ständig so nervös und überreizt ist, daß er selbst durch autogenes Training nicht entspannen kann,

wer von Ängsten gelähmt wird oder in der tiefen Depression keinen positiven Gedanken mehr fassen kann, wird in der Regel zunächst keinen Erfolg erzielen. Im Gegenteil, der Mißerfolg beim positiven Denken kann sogar dazu führen, daß sich der seelisch-nervöse Zustand verschlechtert.

Deshalb gilt auch bei derartigen Symptomen, daß fachlich untersucht und therapiert werden muß, wenn sie stärker belasten, häufiger wiederkehren oder chronisch bestehen.

Anwendungsgebiete

Zur Selbsthilfe eignet sich positives Denken vornehmlich bei Nervosität, Schlafstörungen, gelegentlichen Ängsten oder depressiven Verstimmungen, wie sie die meisten Menschen ab und an erleben. In solchen Fällen ohne Krankheitswert können positive Gedanken andere Therapien vollwertig ersetzen.

Aber auch bei den fachlich behandelten seelisch-nervösen Störungen kann mit positivem Denken gearbeitet werden. Das gelingt, sobald die Therapie dafür die Voraussetzungen geschaffen hat, also zum Beispiel die Stimmung so aufgehellt wurde, daß positive Vorstellungen wieder möglich sind. Den richtigen Zeitpunkt dafür stimmt man mit dem Therapeuten ab.

Nervosität, Unruhe und Gereiztheit

Keine eigentliche Krankheit

Diese Verhaltensstörungen bilden keine eigenständige Krankheit, sondern treten als Symptome von Erkrankungen auf. Anlagebedingte »Nervenschwäche«, Streß, verdrängte Probleme und Konflikte oder körperliche Störungen (etwa Überfunktion der Schilddrüse) gehören zu den häufigen Ursachen.

Ursachen

Es genügt also nie, nur diese Zustände zu bessern. Medikamentös wäre das zwar einfach möglich, die Ursachen blieben aber dennoch bestehen. Zuerst muß eine Diagnose gestellt werden, aus der sich ergibt, was die Symptomatik verursacht. Anschließend ist eine gezielte psychotherapeutische und/oder körperli-

Zunächst eine Diagnose stellen

Positives Denken muß sich auch gegen die Ursachen richten

che Behandlung möglich. Sobald die Ursachen dadurch beseitigt wurden, verschwinden Nervosität, Unruhe und Gereiztheit von selbst. Positives Denken kann die Behandlungen unterstützen, muß sich aber ebenfalls gegen die Ursachen richten. Deshalb sollte es mit dem erfahrenen Therapeuten abgesprochen werden.

Aber nicht alle diese Zustände verlangen eine fachliche Behandlung. Wenn man aus erkennbarem aktuellem Anlaß (zum Beispiel vor schwierigen Aufgaben oder bei vorübergehender Überforderung) nervös, unruhig und gereizt ist, darf positives Denken selbständig eingesetzt werden. Das bedeutet keineswegs bloße Unterdrückung der Symptomatik. Vielmehr fällt es leichter, die aktuellen Ursachen zu bewältigen, wenn man wieder ruhiger und gelassener geworden ist.

Selbstkritische Analyse der eigenen Gewohnheiten

Treten solche Ursachen allerdings häufiger auf oder bestehen sie dauernd, darf man sich nicht auf das positive Denken beschränken. Dann gilt es, die ursächlichen Belastungen so zu reduzieren, daß sie keine seelisch-nervösen Störungen mehr hervorrufen. Häufig wird dazu eine selbstkritische Analyse der eigenen Gewohnheiten und Verhaltensweisen notwendig. Daraus erkennt man, was man sinnvoll verändern kann. Gelingt das nicht aus eigener Kraft, kann fachliche Beratung angezeigt sein.

Zur raschen Linderung von Nervosität, Unruhe und Gereiztheit aus aktuellen Anlässen eignen sich positive Generalformeln wie die folgenden oft gut. Bei Bedarf können sie individuell variiert werden.

Generalformel bei Nervosität

»*Mit starken* (oder: *guten) Nerven lebe ich ruhig und gelassen – nichts und niemand kann meine innere Harmonie stören.*«

Ein Versuch ist auch mit der Indifferenzformel möglich, obwohl Nervosität nicht zu ihren typischen Anwendungsgebieten gehört:

»Nervosität und Unruhe vollkommen gleichgültig – ich lebe mit kühlem, klarem Kopf ruhig und gelassen.«

Indifferenzformel

Wenn Nervosität und Unruhe von stärkerer Aggressivität und Gereiztheit begleitet werden, können die obigen Vorstellungen entsprechend geändert werden, zum Beispiel:

»Mit starken/guten Nerven lebe ich ruhig und gelassen, in Harmonie mit mir selbst und mit allen anderen.«

Formel bei stärkerer Aggressivität und Gereiztheit

Nicht selten führen Aggressivität und Gereiztheit im Lauf der Zeit zu erheblichen Problemen mit den Menschen der Umgebung, was wiederum noch mehr Aggressivität und Gereiztheit provozieren kann. Dieser unselige Kreislauf läßt sich durch folgende Formel unterbrechen:

»Mit kühlem, klarem Kopf bleibe ich ruhig und gelassen, in Harmonie mit mir und allen anderen – ich werde angenommen und nehme mich selbst an.«

Formel bei Aggressivität und Gereiztheit

Wenn derartige Formulierungen nicht ausreichend wirken, besteht vermutlich eine ernstere psychische Störung, die zusätzlich fachlich behandelt werden muß.

Bildhafte Vorstellungen

Zur bildhaften Vorstellung der eigenen Ruhe und Gelassenheit visualisiert man vor dem inneren Auge beispielsweise eine Situation, in der man im Alltag nervös, unruhig und gereizt wird. Man erkennt sich selbst in dieser Situation und nimmt deutlich wahr, wie man sich ruhig, gelassen und überlegen verhält. Nach und nach kann man auf diese Weise alle alltäglichen Situationen durcharbeiten, in denen man bisher immer die Ruhe verliert.

Bei Aggressivität und Gereiztheit kann man sich zum Beispiel auch den/die anderen vorstellen, mit denen

Psychosoziale Probleme

die psychosozialen Probleme bestehen. Dabei malt man sich bildhaft möglichst positiv aus, wie alle nett und freundlich miteinander umgehen.

Anfangs wird die Vorstellung eines »Feindes« noch Aggressionen wecken, obwohl man ihn nur vor dem inneren Auge sieht. Durch konsequentes Üben gelangt man allmählich jedoch in einen Entspannungszustand, der negative Reaktionen zunächst abschwächt, schließlich ganz verhindert.

Nicht selten kommt es bei Nervosität und Unruhe auch noch zu Stimmungsschwankungen, gemeinhin als »Launen« bezeichnet. Dann kann folgende Vorstellung für mehr Ausgeglichenheit und Stabilität der Stimmung sorgen:

Formel für mehr Ausgeglichenheit

»Stimmungen (oder: *Launen) vollkommen gleichgültig, immer und überall bewahre ich einen kühlen, klaren Kopf – mit starken/guten Nerven lebe ich in Harmonie mit mir und allen anderen.«*

Verbreitete Schlafstörungen

Nervosität, Unruhe und Gereiztheit werden häufig von Schlafstörungen begleitet. Auch bei Depressionen ist der Schlaf oft behindert. Unabhängig von seelisch-nervösen Einflüssen können organische Erkrankungen zu Schlafstörungen führen, zum Beispiel Durchblutungsstörungen des Gehirns oder Schmerzzustände. Hauptursache ist und bleibt jedoch das überreizte Nervensystem und Seelenleben. Es be- und verhindert die für guten Schlaf notwendige Entspannung und Lösung von Sorgen und Problemen des Alltags.

Ursachen

Häufige Schlafstörungen genau abklären

Bei häufigen oder chronischen Schlafstörungen, die auch das Leben am Tag nachhaltig beeinträchtigen, müssen durch fachliche Untersuchung die Ursachen genau abgeklärt und gezielt therapiert werden, bevor man positive Gedanken anwendet. Bei gelegentlichen

Schlafstörungen, die praktisch jeder kennt, hilft eine Formulierung wie:

Formel bei gelegentlichen Schlafstörungen

»Schlaf kommt jede Nacht von selbst – ich schlafe tief und fest, erwache gut erholt.«

Wer positives Denken gut beherrscht, kann sogar versuchen, den Zeitpunkt des Erwachens gleichsam »vorzuprogrammieren«. Das ersetzt den Wecker und hilft vor allem, wenn man häufig viel zu früh aufwacht. Individuelle Vorstellungen orientieren sich am besten an folgendem Muster:

Formel für gewünschten Zeitpunkt des Erwachens

»Ruhig und gelassen lege ich mich zu Bett, schlafe bald ein und gut durch – erwache am Morgen ausgeruht und gut erholt um … (Uhrzeit) *Uhr.«*

Indifferenzformel bei Einschlafstörungen

Bei Einschlafstörungen bewährt sich meist die Indifferenzformel am besten. Wenn man schwer einschläft und unruhig auf den Schlaf wartet, mißt man ihm nämlich übermäßige Bedeutung bei, versucht vielleicht gar, ihn willent- lich zu erzwingen. In aller Regel gelingt das nicht, eher verschlimmern sich die Schlafstörungen dadurch noch.
Mit Hilfe der Indifferenzformel überwindet man die störende Einstellung »Ich muß/will schlafen«, entspannt deshalb besser und gleitet leichter in den Schlaf. Das folgende Beispiel eignet sich dazu gut:

Indifferenzformel

»Schlaf vollkommen gleichgültig, ruhig und gelassen erwarte ich ihn – schlafe tief und fest die ganze Nacht, erwache gut erholt (evtl.: *um … Uhr)«.*

Im Einzelfall kann es sinnvoll sein, Formulierungen für guten Schlaf mit denen gegen Nervosität (s. S. 167) zu kombinieren. Das vermeidet am Tag Nervosität und Unruhe, man legt sich bereits gelassen zu Bett.
Es kann ausreichen, die Schlafvorstellung nur abends

Vor dem Einschlafen anwenden

vor dem Einschlafen anzuwenden. Genügt das nicht, wird sie auch tagsüber geübt. Bei der Kombination der Formeln für guten Schlaf und gegen Nervosität verwendet man die allgemein beruhigenden Vorstellungen zweimal am Tag, die Formulierung für besseren Schlaf einmal abends vor dem Zubettgehen.

Bildhafte Vorstellungen

Als bildhafte Vorstellung für besseren Schlaf kann man zum Beispiel vor dem inneren Auge das eigene Bett erkennen, in dem man schlafend liegt.

Außer solchen konkreten Bildern sind aber auch symbolische Vorstellungen gut geeignet, in denen man versucht, Ruhe und innere Harmonie als Grundvoraussetzungen des guten Schlafs zu visualisieren. Das kann etwa durch eine saftig-grüne Wiese dargestellt werden, der man vielleicht noch das Rauschen der Blätter in einem nahen Wald oder das Plätschern eines kleinen Bachs akustisch zufügt.

Sehr gut hilft oftmals auch das innere Bild vom endlos weiten Meer, zu dem man sich noch die ewig wiederkehrenden Wogen visuell und akustisch vorstellen kann. Oder man liegt am Sandstrand auf einer Decke oder schaukelnd in einer Hängematte, richtet den Blick hinaus über das tiefblaue Meer und sieht/hört die Wellen leise und monoton immer wieder an den Strand laufen.

Es gibt noch zahlreiche andere schlaffördernde bildhafte Vorstellungen. Man muß nur der eigenen Phantasie folgen und ausprobieren, was am besten in den Schlaf überleitet.

Ängste bewältigen

Angst ist ein wichtiges Warnzeichen

Diffuse Angstzustände

Ähnlich wie der Schmerz ist auch die Angst zunächst ein wichtiges Warnzeichen, das vor Gefahren und Risiken schützen soll. Wenn sie diese Aufgabe erfüllt hat, verschwindet sie normalerweise wieder. Heutzutage leiden aber immer mehr Menschen an diffusen Angstzuständen, für die es keinen äußeren Anlaß gibt. Diese Ängste können gelegentlich auftreten, aber auch chronisch bestehen und dann das ganze Leben stören oder zerstören.

Begleitende Symptome

Begleitet wird die Angst von verschiedenen körperlichen Symptomen, wie Schweißausbruch, Herzjagen und -stolpern, Kloßgefühl im Hals, Magen-Darm-Koliken, in schweren akuten Fällen Verlust der Kontrolle über Harn- und/oder Stuhlentleerung (umgangssprachlich: »Vor Angst in die Hose machen«).

Diffuse Ängste können nur schwer überwunden werden

Diffuse Ängste lassen sich nur schwer überwinden, weil eben keine Ursachen ersichtlich sind, bei denen man therapeutisch ansetzen könnte. Die Wurzeln solcher Ängste befinden sich im Unbewußten und können weit in die Kindheit zurückreichen.

Stärkere Angstzustände, die das Leben stören und beherrschen, lassen sich meist nur fachlich behandeln. Zwar könnte positives Denken auch helfen, aber die starke Angst verhindert meist, daß wirksame positive Gedanken und Vorstellungen entwickelt werden. Erst wenn die fachliche Therapie die Angstzustände eingedämmt hat, kann unterstützend das positive Denken eingesetzt werden.

Selbsthilfe durch positive Formeln und Bilder

Bei leichteren, nicht dauernd vorhandenen Angstzuständen, die eher lästig als belastend empfunden werden, eignet sich Selbsthilfe durch positive Formeln und Bilder durchaus. Die Wirkung tritt meist überzeugend und häufig viel schneller als bei der fachlichen Therapie ein.

Positives Denken aktiviert auch die Selbstheilungsregulationen des Seelenlebens

Kritiker behaupten wohl, daß positive Gedanken die Angst nur unterdrücken, ihre unbewußten Ursachen jedoch nicht beseitigen, aber das trifft so nicht zu. Tatsächlich aktiviert positives Denken auch die Selbstheilungsregulationen des Seelenlebens, so daß auch die ursächlichen Faktoren der Angst beeinflußt werden.

Es spricht also nichts gegen den Versuch, mit positiven Gedanken und Vorstellungen die Psyche aus eigener Kraft wieder zu stabilisieren und zu harmonisieren. Wenn die positiven Formeln und Bilder allerdings die Ängste verschlimmern (selten, aber möglich), muß sofort abgebrochen und der Therapeut zugezogen werden. Dann handelt es sich praktisch immer um Angstzustände, die doch zu schwerwiegend sind, als daß sie durch Selbsthilfe bewältigt werden könnten.

Angst nicht willentlich unterdrücken

Grundsätzlich immer falsch und unwirksam bleibt der Versuch, die Angst willentlich zu unterdrücken. Das provoziert nur innere Widerstände, die alles verschlimmern können. Die Angst muß angenommen, be- und verarbeitet werden, damit sie das Leben nicht länger stört.

Angst muß angenommen und verarbeitet werden

Die wichtigste, oft am besten wirksame Formulierung zur Selbsthilfe bei Angst ist die Indifferenzformel. Durch konsequentes Üben gelingt es mit ihr, die Bedeutung der Angst für das eigene Leben nach und nach zu reduzieren, bis sie schließlich vollends verschwindet. Die individuellen Vorstellungen dazu sollten sich an den nachstehenden Beispielen orientieren:

Indifferenzformel bei Angst

»Angst vollkommen gleichgültig – ich nehme sie an, ruhig und gelassen.«

Die Indifferenzformel eignet sich aber nicht immer. Bei Bedarf kann eine Alternative verwendet werden, die der Angst das Gefühl von Geborgenheit und Sicherheit entgegenstellt, zum Beispiel:

Alternative

»Ich lebe mit meiner Angst ruhig und gelassen – fühle mich ruhig, geborgen und sicher.«

Oftmals hemmt und verunsichert die Angst im Alltag. Dann sollen Ruhe, Gelassenheit, innere Sicherheit und Mut gefördert werden. Dabei helfen folgende Formeln:

Formel für Ruhe und Gelassenheit

»Ich lebe mit meiner Angst, ruhig und gelassen nehme ich sie an – Geborgenheit und Sicherheit erfüllen mich.«

Noch stärker kann die innere Harmonie durch eine Vorstellung nach folgendem Muster gestärkt werden:

»Ich lebe mein Leben frei, geborgen und mutig, ich bin ich, nehme mich an – Angst beherrscht mich nie mehr.«

Formel für innere Harmonie

Bei sozialen Ängsten im Umgang mit anderen kann die nachstehende Formulierung angezeigt sein:

»Ich lebe mit anderen ruhig und gelassen, nehme sie an – nichts und niemand kann meine Sicherheit stören.«

Formel bei sozialen Ängsten

Bei Herzangst, einer Sonderform der Angst, bei der die Beschwerden direkt aus dem Herzen aufzusteigen scheinen, versucht man die folgende Vorstellung:

»Herz vollkommen gleichgültig, arbeitet ruhig und regelmäßig – ich bin gelassen ohne Angst.«

Formel bei Herzangst

Allerdings kann diese Herzformel bei sensiblen Menschen die Beschwerden auch verschlimmern. Dann muß abgebrochen und der Therapeut zugezogen werden.

Bildhafte Vorstellungen

Zur bildhaften Vorstellung kann man sich vor dem inneren Auge selbst beobachten, sieht zum Beispiel, wie man sich in einer ängstigenden Situation ruhig, gelassen und angstfrei verhält. Oder man visualisiert die Person/en, die im Alltag Angst auslösen, betrachtet sie ohne Angst, läßt sie vielleicht schrumpfen oder malt sich aus, wie sie in einer komischen Situation all ihre Autorität einbüßen.
Schließlich bleibt wieder die Möglichkeit, der Angst in der Vorstellung eine Gestalt zu verleihen, zum Beispiel die des schon mehrfach genannten »Monsters«. Das kann man dann angreifen und verjagen, vielleicht aber auch Frieden mit ihm schließen, damit die Angst keine Bedrohung mehr darstellt. Man kann

der Phantasie wieder freien Lauf lassen, damit die individuell am besten wirksamen bildhaften Vorstellungen gefunden werden.

Depressionen positiv »umpolen«

Ab und zu erlebt fast jeder eine depressive Verstimmung. Zum Teil erklärt sich das als Reaktion auf äußere Faktoren, wie Enttäuschungen, Mißerfolge, Verluste oder auch bei Wetterfühligkeit. Können die Ursachen nicht genau nachvollzogen werden, liegen vielleicht besondere Eigenschaften der Persönlichkeit oder ungünstige Erbanlagen zugrunde.

Ursachen

Während die reaktiven Depressionen verschwinden, sobald die Ursachen verarbeitet wurden, können die Verstimmungen ohne erkennbare Anlässe chronisch verlaufen oder häufig wiederkehren.

Manisch-depressive Krankheit

Bei einer besonderen Verlaufsform, der *manisch-depressiven* Krankheit, wechseln depressive Phasen mit manischen ab. Bei letzteren wirken die Betroffenen grundlos heiter, überspannt und gereizt, schlafen schlecht, können sich kaum konzentrieren und leiden an maßloser Selbstüberschätzung (bis hin zum »Größenwahn«), erleben also das Gegenteil einer Depression.

Können aus dem Unbewußten stammen

Scheinbar grundlose Depressionen können aus dem Unbewußten stammen, ihre Wurzeln reichen dann oft weit in die Kindheit zurück. Ferner kommt es zu solchen Depressionen, wenn die Botenstoffe (Neurotransmitter) im Nervensystem gestört sind, unter anderem vermutlich durch Vererbung.

Verlaufen meist chronisch

Meist verlaufen diese unerklärlichen Depressionen chronisch oder kehren immer wieder grundlos zurück. Sie gehören zu den schweren Formen psychischer Krankheiten, nicht selten enden sie durch Selbstmord tödlich.

Positives Denken könnte gegen solche ernsten Depressionen nur wenig ausrichten. Aber diese Frage stellt sich auch überhaupt nicht, weil die tiefe Depression alle positiven Vorstellungen verhindert. Hier ist fachliche Therapie unverzichtbar, teils psychologische Hilfe, teilweise auch antidepressive Arzneimittel. Erst wenn die Depression dadurch deutlich aufgehellt wurde, kann man bei Bedarf mit fachlicher Zustimmung versuchen, ob positive Gedanken und Bilder entwickelt werden können, um die anderen Therapien zu unterstützen.

Psychotherapie ist unverzichtbar

Gut bewährt sich positives Denken hingegen bei den depressiven Zuständen, die als Reaktion auf äußere Umstände eintreten. Bei diesen Formen sind Niedergeschlagenheit, Schwermut und Pessimismus häufig nicht so schwerwiegend, positive Gedanken können durchaus noch formuliert werden.

Positives Denken bei Depressionen

Am besten gelingt das, wenn man die Technik des positiven Denkens unabhängig von Depressionen ständig trainiert. Dann ist man in Übung, wenn akute depressive Zustände auftreten. Beginnt man erst in der Depression mit positivem Denken, läßt die Wirkung in der Regel länger auf sich warten, unter Umständen bleibt sie ganz aus.

Positives Denken sollte unabhängig von Depressionen ständig trainiert werden

Verschiedene Formulierungen können bei Depressionen verwendet werden. Die folgenden Beispiele sollen lediglich veranschaulichen, worauf es dabei ankommt. Bei Bedarf werden sie so variiert, daß sie den persönlichen Ansprüchen optimal genügen. Als Generalformel kommt zum Beispiel die folgende in Betracht:

»Das Leben ist lebenswert – gelassen, mutig und heiter geht mein Leben von nun an weiter.«

Generalformel bei Depressionen

Ähnlich umfassend kann die nachstehende kurze Formulierung wirken:

»Ich lebe glücklich, frei und froh – dunkle Gedanken weichen.«

Alternative

Wenn sich die Depression aus Frustrationen, Mißerfolgen und ähnlichen negativen Erfahrungen des Alltags erklärt, kann die Indifferenzformel am wirksamsten sein:

Indifferenzformel bei Depression aus Frustration

»*Enttäuschung* (oder: *Mißerfolg, Verlust usw.) vollkommen gleichgültig – ich fühle mich wohl und geborgen, lebe glücklich, frei und froh.*«

Keine schnelle Wirkung

Bei Depressionen darf man im allgemeinen keine rasche Wirkung erhoffen, oft dauert es 2–4 Wochen, ehe sich der Zustand aufhellt. Das muß hingenommen werden. Auch antidepressive Arzneimittel entfalten ihre volle Wirkung oft erst nach etwa 3 Wochen.

Bildhafte Vorstellungen

Die Entwicklung positiver bildhafter Vorstellungen fällt bei Depressionen besonders schwer. Die sonst bewährten Muster lassen sich häufig nicht verwenden, weil es zum Beispiel kaum gelingt, sich selbst in positiven Situationen zu visualisieren.

Besser stellt man sich positive Bilder vor, in denen man selbst nicht auftaucht. Natürlich gilt auch hier wieder, daß solche Situationen individuell angemessen sein müssen, sonst bleiben sie wirkungslos, können die Depression unter Umständen sogar verschlimmern.

Szenen aus der Natur

Wohltuend wirken vor allem Szenen aus der Natur, die zum Ausdruck bringen, daß sich die Psyche wieder aufhellt. So kann man sich beispielsweise vor dem inneren Auge einen Waldrand oder Felshang ausmalen, der zunächst noch im diffusen Dämmerlicht liegt, allmählich aber durch die aufgehende Sonne erhellt wird. Oder man stellt sich den wolkenbedeckten, trüben Himmel vor, durch den langsam die Sonne wieder durchbricht.

Vorsicht vor dem »Licht am Ende des Tunnels«

Vorsicht ist bei Depressionen mit dem oft zitierten »Licht am Ende des Tunnels« geboten. Das klingt zwar ebenfalls positiv, aber zunächst befindet man sich bei dieser Vorstellung noch im dunklen Tunnel. Deshalb kann sich die Stimmungslage weiter eintrüben. Besser verzichtet man auf dieses symbolische Bild, wenn es im Einzelfall nicht ausdrücklich fachlich vorgegeben wird.

Register

Eigene Erfahrungen

Eigene Erfahrungen

Eigene Erfahrungen